Mise en pratique

EXERCICES D'oral EN CONTEXTE

Niveau intermédiaire

Anne Akyüz
Bernadette Bazelle-Shahmaei
Joëlle Bonenfant
Marie-Françoise Flament
Jean Lacroix
Françoise Parent
Patrice Renaudineau

HACHETTE
Français langue étrangère

http://www.fle.hachette-livre.fr

Avant-propos

Ce deuxième ouvrage d'« exercices d'oral en contexte » s'adresse à des apprenants adolescents ou adultes, **faux débutants/intermédiaires** (A2/B1 du cadre européen) pour un travail en classe ou en autonomie.

Il se compose de deux cassettes (ou deux CD) et d'un livre d'exercices. Le logo 🔲 signale que les situations et les activités de prononciation sont enregistrées sur les cassettes.

Ce livre d'**entraînement** et de **pratique** contient **dix chapitres** qui mettent en scène des **situations de communication variées de la vie quotidienne** (cinq par chapitre) : monologues, dialogues, conversations, annonces… Il a pour objectif de faire acquérir aux apprenants les **marques d'oralité** de la langue française, en privilégiant à la fois le sens et le son.

Chaque chapitre comprend **trois parties**. La première présente des activités de **compréhension** des situations. La deuxième fait travailler le **rythme** et les **intonations** de la langue française. Enfin, la troisième partie propose, dans un premier temps, des activités de synthèse autour des actes langagiers travaillés dans le chapitre ; l'apprenant est amené à élaborer une **fiche outils** avec les expressions relevées dans les situations et à l'enrichir de ses propres propositions. Dans un deuxième temps, sont proposées des activités d'**expression** qui, avec un objectif fonctionnel précis, demandent aux apprenants de réutiliser, sous forme de jeux de rôles, les outils linguistiques étudiés.

L'ouvrage présente également les transcriptions des enregistrements, des propositions pour élaborer les fiches outils, un index des **objectifs fonctionnels** et un tableau récapitulatif des situations.

Les **corrigés** des exercices se trouvent dans un livret séparé.

Les auteurs

Couverture et maquette intérieure : Christophe et Guylaine Moi

Réalisation : MÉDiAMAX

Secrétariat d'édition : Claire Dupuis

Illustrations : Philippe Chapelle

Pour découvrir nos nouveautés, consulter notre catalogue en ligne, contacter nos diffuseurs, ou nous écrire, rendez-vous sur Internet :

www.fle.hachette-livre.fr

ISBN 2 01 155142-0

© HACHETTE LIVRE 2002, 43 quai de Grenelle, F 75905 Paris Cedex 15.
Tous les droits de traduction, de reproduction et d'adaptation réservés pour tous pays.

Sommaire

PRENDRE CONTACT

➤ Saluer ➤ Se présenter ➤ Parler de soi et des autres
➤ S'informer et informer sur les personnes

A COMPRÉHENSION

Pour chaque situation, déterminez le cadre de la communication à l'aide du questionnaire, page 119.

➤ **SITUATION 1**

1 Répondez aux questions.
                                                        Comprendre ce qui est dit

1. Comment s'appelle le jeune homme ? ....
2. Pourquoi veut-il parler à M. Perrault ? ....
3. Décrivez-le physiquement : ....
4. Comment peut-on le contacter ? ....
5. Notez la date et l'heure du rendez-vous : ....

2 Vrai, faux, on ne sait pas ? Cochez.

	Vrai	Faux	On ne sait pas
1. La secrétaire s'appelle Mme Briand.	❑	❑	❑
2. Le jeune homme est étudiant.	❑	❑	❑
3. Il est français.	❑	❑	❑
4. Il a fait de la figuration dans un film.	❑	❑	❑
5. Il est libre après le 15 juin.	❑	❑	❑
6. M. Perrault cherche seulement des hommes.	❑	❑	❑
7. Si on a seize ans, on peut être sélectionné.	❑	❑	❑
8. Il faut avoir les yeux marron.	❑	❑	❑

3 Dans quel ordre entendez-vous ces phrases ? Numérotez de 1 à 5.
                                                        Entendre ce qui est dit

a. Allô ! Roland Perrault à l'appareil. ....
b. Ne quittez pas, je vous le passe. ....
c. Pourrais-je parler à… ? ....
d. Je vous appelle de la part de… ....
e. C'est de la part de qui ? ....

4 **Cochez ce que vous entendez ou corrigez.**

1. Entre quinze et vingt et un ans. ❏ ....
2. Dix-neuf ans. ❏ ....
3. 1,81 m. ❏ ....
4. À partir du 5. ❏ ....
5. Le 17. ❏ ....
6. 18 heures. ❏ ....

➤ **SITUATION 2** 🔲

5 **Vrai, faux, on ne sait pas ? Cochez.** | *Comprendre ce qui est dit* |

	Vrai	Faux	On ne sait pas
1. Les deux femmes se rencontrent souvent au marché.	❏	❏	❏
2. Mme Jeanet a été malade.	❏	❏	❏
3. Mme Jeanet a deux petits-enfants.	❏	❏	❏
4. Ses enfants sont étudiants.	❏	❏	❏
5. Sa fille exerce une profession médicale.	❏	❏	❏
6. Mme Driss aime voyager.	❏	❏	❏
7. Mme Driss a une fille mariée.	❏	❏	❏
8. La fille de Mme Driss va travailler à Marseille.	❏	❏	❏

6 **Choisissez les dessins qui correspondent à la situation.**

Mme Jeanet est la personne : ....   Mme Driss est la personne : ....

7 **Dans quel ordre entendez-vous ces phrases ?**
Numérotez de 1 à 7.
Entendre ce qui est dit

a. Félicitations ! ....

b. Ça fait longtemps qu'on ne s'est pas vues ! ....

c. Tous mes vœux de bonheur aux futurs mariés ! ....

d. Ah, c'est une nouvelle, ça ! ....

e. Rien de neuf. ....

f. Et autrement, vos enfants ? ....

g. Meilleure santé à vous. ....

➤ **SITUATION 3** 🔲

8 **Répondez aux questions.**
Comprendre ce qui est dit

1. À quelle heure le rendez-vous est-il fixé ? ....

2. Qui est en avance ? ....

3. Ben arrive avant ou après 6 heures et demie ? ....

4. À quelle heure doit partir Serge ? ....

5. Notez trois informations concernant Nadia : ....
....

6. Notez une information concernant Ben : ....

9 **Cochez ce que vous entendez.**
Entendre ce qui est dit

1. À quelle heure tu leur as dit ?
  a. 6 heures, 6 heures et quart. ❑
  b. 6 heures, 6 heures moins le quart. ❑

2. Tu as bien apporté tous les documents ?
  a. Ce n'est pas un problème. ❑
  b. Pas de problème. ❑

3. Tu as trouvé facilement ?
  a. Oui, je connaissais. ❑
  b. Oui, je connais. ❑

4. Qu'est-ce qu'on fait ?
  a. Tant pis, on va commencer. ❑
  b. Au pire, on va commencer. ❑

5. Alors, Ben ? !
  a. Excusez-moi. ❑
  b. Excuse-moi. ❑

10 Cochez ce que vous entendez ou corrigez.

1. Je crois qu'on est plutôt en avance. ❏ ....
2. Comment vas-tu ? ❏ ....
3. Nadia, je te présente Serge. ❏ ....
4. Laurence m'a souvent parlé de toi. ❏ ....
5. Ah, le voilà ! Alors, Ben ?! ❏ ....
6. Je suis un peu en retard. ❏ ....
7. Ben, c'est Nadia qui va travailler avec nous. ❏ ....

➤ **SITUATION 4** 🔲

11 Répondez aux questions. | *Comprendre ce qui est dit* |

1. Quelle est la profession de Max ? ....
2. Où travaille-t-il ? ....
3. Quel âge a-t-il ? ....
4. À quel âge a-t-il commencé ce travail ? ....
5. À quelle heure commence l'émission *Contacts* ? ....
6. Avec qui Max a-t-il des contacts ? ....

12 Cochez les informations correctes.

1. Max sait écouter les gens. ❏
2. Il est autoritaire. ❏
3. Il parle avec les auditeurs. ❏
4. Il impose souvent son avis. ❏
5. Il est curieux. ❏
6. Il est ouvert. ❏

13 Dans quel ordre entendez-vous les questions ? Numérotez de 1 à 7.

Entendre ce qui est dit

a.   Est-ce que vous sentez que vous avez une responsabilité vis-à-vis d'eux ?   ....

b.   Vous êtes à peine plus âgé que vos auditeurs, alors ?   ....

c.   Vous avez quel âge ?   ....

d.   Quelle est la qualité essentielle qu'il faut avoir pour faire ce que vous faites ?   ....

e.   Vous êtes quoi pour eux ?   ....

f.   Et est-ce que vous avez des contacts directs avec eux ?   ....

g.   Et pourquoi vous appellent-ils ?   ....

14 Reconstituez les phrases.

1.   Un peu plus, quand même,

2.   Et, là,

3.   Eh bien,

4.   Ils sont quelquefois assez timides,

5.   Alors, je les écoute,

6.   Alors, en fait,

7.   Mais, vous savez,

8.   Je dirais... avant tout,

a.   ils ont besoin de communiquer.

b.   vous êtes quoi pour eux ?

c.   je suis avant tout un animateur radio.

d.   vous voyez.

e.   être curieux...

f.   tout simplement.

g.   nos auditeurs sont en général des adolescents.

h.   j'écoute les jeunes.

1	2	3	4	5	6	7	8

➤ SITUATION 5

15 Complétez le tableau.

Comprendre ce qui est dit

	PRÉNOM	**FONCTION**	**ÉTAGE**
M. Escude	....	....	....
Mme Périnet	....	....	....
Mlle Solé	....	....	....

16 Complétez.

Entendre ce qui est dit

1. Je suis chargée de la ....

2. Je suis responsable du ....

3. C'est moi qui vais m'occuper de toutes les questions d'..

4. Je suis, bien sûr, à votre ....

5. N'hésitez pas à me .... si vous avez un problème.

B PRONONCIATION

➤ **RYTHME**

Les syllabes accentuées (1)

Dans une phrase, la dernière syllabe de chaque groupe de mots est accentuée.	Très **bien**, je vous passe ma secré**taire**. Je me sens fati**guée**, ce ma**tin**.

17 Écoutez et lisez à voix haute.

1. C'est entendu.

    Bien, c'est entendu.

    Bien, c'est entendu pour le 17 juin.

2. Elle est assistante de direction.

    Elle est assistante de direction trilingue.

    Elle est assistante de direction trilingue dans un laboratoire.

3. On va commencer la réunion.

    On va commencer la réunion sans lui.

    On va commencer la réunion sans lui parce que je dois partir tôt.

4. N'hésitez pas.

    N'hésitez pas à me poser des questions.

    N'hésitez pas à me poser des questions si vous avez un problème.

18 Écoutez et soulignez les syllabes accentuées.

1. Alors, ici, je suis chargé de l'organisation.
2. Nous avons un intérêt en commun, la musique.
3. Ils me disent ce qu'ils aiment, ce qu'ils ont envie d'entendre.
4. Ben, voici Nadia, elle va travailler avec nous.
5. Mon mari vient de prendre sa retraite, on va voyager un peu, je suis contente.

➤ **INTONATION**

Affirmer, questionner

L'intensité et la hauteur de la voix donnent des indications sur le sens de la phrase.	aigu moyen grave Très bien, je vous repasse ma secrétaire.
Dans une affirmation, la fin de la phrase est marquée par un accent descendant.	Ils vont bien.
Dans une question simple, la dernière syllabe est marquée par un accent montant.	Tu viens ?

19 Écoutez et lisez à voix haute.

1. Vous êtes plus âgé que vos auditeurs. / Vous êtes plus âgé que vos auditeurs ?
2. Je vous le passe. / Je vous le passe ?
3. Ils vont travailler tous les deux dans un cabinet d'architectes. / Ils vont travailler tous les deux dans un cabinet d'architectes ?
4. Il a un numéro où l'on peut le joindre. / Il a un numéro où l'on peut le joindre ?
5. Ils vont bien. / Ils vont bien ?

20 Écoutez et lisez à voix haute.

1. Et vous avez une adresse électronique ou un numéro où l'on peut vous joindre ?
2. Mon mari vient de prendre sa retraite, on va pouvoir voyager un peu plus, je suis contente.
3. Et elle va vivre là-bas ?
4. Vous cherchez des jeunes pour de la figuration ?
5. On va s'asseoir près de la fenêtre, comme ça, on les verra arriver.
6. Notre directeur est absent ce matin, mais vous pourrez le rencontrer cet après-midi.
7. Comment vas-tu ? Tu as trouvé facilement ?

21 Écoutez et cochez.

	Affirmation	Question
1.	❏	❏
2.	❏	❏
3.	❏	❏
4.	❏	❏
5.	❏	❏
6.	❏	❏
7.	❏	❏

C   EXPRESSION

22 Au téléphone, qui prononce ces phrases ?
Cochez.

Prendre contact
au téléphone

		La personne qui appelle	La personne qui répond
1.	Pourrais-je parler à M. Ravel, s'il vous plaît ?	❏	❏
2.	Qui la demande ?	❏	❏
3.	Je téléphone de la part de Sonia Berger.	❏	❏
4.	Je voudrais parler à Mme Chapier, s'il vous plaît.	❏	❏
5.	Mlle Lefèvre est là ?	❏	❏
6.	C'est de la part de qui ?	❏	❏
7.	Qui est à l'appareil ?	❏	❏
8.	J'aurais voulu parler à Claude Blanc, s'il vous plaît.	❏	❏
9.	Ne quittez pas, je vous la passe.	❏	❏
10.	Patrick Roy, j'écoute.	❏	❏

23 Dans quelles situations utilise-t-on ces phrases ? Cochez la/les réponse(s) correcte(s).

Réagir à une information

1. Félicitations !
   a. Après de bons résultats. ❑
   b. Pour l'anniversaire de quelqu'un. ❑

2. C'est une bonne nouvelle, ça !
   a. Quand on salue une nouvelle employée. ❑
   b. Quand on apprend quelque chose qui fait plaisir. ❑

3. Tous mes vœux de bonheur !
   a. Pour le mariage de quelqu'un. ❑
   b. Quand une personne va occuper un nouveau poste. ❑

4. Rien de neuf !
   a. Quand on ne connaît pas les nouvelles. ❑
   b. Quand la situation reste inchangée. ❑

5. Bienvenue !
   a. À une personne qui est en avance. ❑
   b. À une personne qui arrive. ❑

6. Bon courage !
   a. Quand une personne va passer un examen. ❑
   b. Quand une personne a beaucoup de travail à faire. ❑

24 Reconstituez les phrases.

Se présenter, parler de soi

1. J'ai
2. Je fais
3. J'ai
4. Je me sens encore
5. Je vis
6. Je parle
7. Je m'appelle
8. Je suis

a. les yeux verts.
b. Anne-Lise.
c. dix-neuf ans.
d. traductrice.
e. 1,65 m.
f. anglais et italien.
g. bien fatigué.
h. à Marseille.

1	2	3	4	5	6	7	8

➤ **FICHE OUTILS**

Créez votre propre fiche avec les expressions qui vous sont utiles.

Saluer	......
Se présenter, présenter quelqu'un	......
Parler de soi et des autres	......
S'informer sur les personnes	......

Pour les jeux de rôle suivants, aidez-vous de votre fiche outils ou des propositions page 120.

25 Jouez la situation.

Agence Artès recherche, pour la période du 15 mai au 15 juillet, des jeunes gens entre 15 et 20 ans, grands, yeux sombres, pour de la figuration au festival de théâtre de rue d'Aurillac (Cantal).

NOM : Lopez PRÉNOM : Vincent ÂGE : 17 ans YEUX : marron CHEVEUX : blonds TAILLE : 1,80 m. TÉL. : 04 74 05 30 96 E-MAIL : vlopez@aol.com DISPONIBILITÉS : juin et juillet	NOM : Bonnet PRÉNOM : Marie ÂGE : 19 ans YEUX : marron CHEVEUX : roux TAILLE : 1,78 m. TÉL. : 04 78 31 29 97 E-MAIL : sans DISPONIBILITÉS : du 20 mai au 15 juillet	NOM : N'Diop PRÉNOM : Youss ÂGE : 19 ans YEUX : noirs CHEVEUX : noirs TAILLE : 1,90 m. TÉL. : 04 77 41 21 06 E-MAIL : youss@wanadoo.fr DISPONIBILITÉS : du 1er mai au 30 juillet

Vous choisissez d'être un de ces jeunes. Vous appelez l'agence Artès pour poser votre candidature.

26 Jouez la situation.

Vous retrouvez par hasard un(e) copain/copine d'école que vous n'avez pas vu(e) depuis deux ans. Vous échangez des nouvelles sur lui/elle, sur vous, sur sa/votre famille.

27 Jouez la situation.

Vous accueillez dans votre classe, pour une période de deux semaines, votre correspondant(e) français(e) dont vous avez déjà parlé à vos amis. Vous le/la présentez à vos amis.

28 Jouez la situation.

Vous êtes DJ/médecin/moniteur d'auto-école… Vous parlez de vos responsabilités, des qualités nécessaires pour exercer cette profession. Vous faites cette présentation sous forme d'une interview.

29 Parlez de vous.

Vous exercez une profession. Vous la présentez à un groupe de jeunes lors d'un Forum des métiers.

PARLER DE SES ACTIVITÉS ET DE SES GOÛTS

➤ Décrire ses activités ➤ Exprimer ses goûts ➤ Comparer

A COMPRÉHENSION

Pour chaque situation, déterminez le cadre de la communication à l'aide du questionnaire, page 119.

➤ **SITUATION 1**

1 Vrai, faux, on ne sait pas ? Cochez.

Comprendre ce qui est dit

	Vrai	Faux	On ne sait pas
1. C'est le week-end.	❏	❏	❏
2. Audrey habite chez ses parents.	❏	❏	❏
3. Elle est étudiante.	❏	❏	❏
4. Elle a dix-huit ans.	❏	❏	❏
5. Elle met un quart d'heure pour aller à la fac.	❏	❏	❏
6. Elle a vingt heures de cours.	❏	❏	❏
7. Elle a des cours de théâtre.	❏	❏	❏
8. Elle s'est fait beaucoup d'amis.	❏	❏	❏

2 Cochez ce que vous entendez ou corrigez.

Entendre ce qui est dit

1. J'ai cours chaque jour à 9 heures. ❏ ....
2. Je vais à la fac en tram. ❏ ....
3. Je mets beaucoup de temps. ❏ ....
4. Je pars vers 8 heures, 8 heures et quart. ❏ ....
5. Je lis. ❏ ....
6. On rit souvent. ❏ ....
7. On va faire du volley. ❏ ....

Parler de ses activités et de ses goûts

3 **Dans quel ordre entendez-vous ces phrases ?**
Numérotez de 1 à 5.

a.   C'est aussi bien d'être là.   ....

b.   C'est mieux que d'être seule dans ma petite chambre.   ....

c.   Je ne supporte pas.   ....

d.   Tu es contente ?   ....

e.   Tu apprécies la maison !   ....

➤ **SITUATION 2** 🔲

4 **Vrai, faux, on ne sait pas ? Cochez.** _____ _Comprendre ce qui est dit_

	Vrai	Faux	On ne sait pas
1. Samira n'habite plus à Paris.	❑	❑	❑
2. Elle préfère sa nouvelle vie.	❑	❑	❑
3. Elle travaille dans une agence de voyages.	❑	❑	❑
4. Elle prend les transports en commun tous les jours.	❑	❑	❑
5. Elle sort tous les soirs.	❑	❑	❑
6. Elle invite Stéphanie.	❑	❑	❑

5 **Soulignez ce que vous entendez.** _____ _Entendre ce qui est dit_

1.   Il n'y a rien à voir ! / Ça n'a rien à voir !

2.   C'est beaucoup mieux. / C'est bien mieux.

3.   Les gens sont plus chaleureux. / Les gens sont plus malheureux.

4.   J'ai beaucoup moins de temps. / J'ai beaucoup plus de temps.

6 **Cochez ce que vous entendez ou corrigez.**

1.   Ça fait presque trois mois…   ❑   ....

2.   … deux collègues avec qui je m'entends bien.   ❑   ....

3.   Je fais du sport.   ❑   ....

4.   Je me lève à 8 heures et demie.   ❑   ....

5.   Je fais un tas de choses.   ❑   ....

6.   On n'est qu'à trois heures de Paris.   ❑   ....

Parler de ses activités et de ses goûts

➤ **SITUATION 3** 📼

7 **Vrai, faux, on ne sait pas ? Cochez.**

Comprendre ce qui est dit

		Vrai	Faux	On ne sait pas
1.	Claire passe toujours ses vacances à l'hôtel.	❏	❏	❏
2.	Elle a vingt ans.	❏	❏	❏
3.	Elle part au mois d'août.	❏	❏	❏
4.	Elle va toujours au même endroit.	❏	❏	❏
5.	Jonathan aime la nouveauté.	❏	❏	❏
6.	Il a passé ses dernières vacances à l'étranger.	❏	❏	❏
7.	Il part en vacances en avion.	❏	❏	❏
8.	Claire et Jonathan vont partir ensemble en vacances.	❏	❏	❏

8 **Qu'est-ce qu'ils aiment ? Associez.**

1. Retrouver des amis.
2. Partir à l'étranger.
3. Vivre des expériences différentes.   a. Claire
4. Rester sur la plage.   b. Jonathan
5. Rencontrer de nouvelles personnes.
6. Aller en discothèque.

1	2	3	4	5	6

9 **Soulignez ce que vous entendez.**

Entendre ce qui est dit

1. On y retourne tous les étés. / On y revient tous les étés.
2. On est très heureux d'y retourner. / On est très heureux de se retrouver.
3. Les vacances, c'est découvrir… / Les vacances, ça doit être découvrir…
4. C'est très original ! / Ce n'est pas très original !
5. Ce qui m'intéresse, c'est faire des rencontres. / Ça m'intéresse de faire des rencontres.

Parler de ses activités et de ses goûts

➤ **SITUATION 4**

10 Vrai, faux, on ne sait pas ? Cochez. ┤ *Comprendre ce qui est dit* ├

	Vrai	Faux	On ne sait pas
1. Paul Richard travaille pour un grand magazine.	❏	❏	❏
2. Il va souvent au bord de la mer.	❏	❏	❏
3. Il fait de la planche à voile avec des amis.	❏	❏	❏
4. Il connaît bien l'Atlantique.	❏	❏	❏
5. Il aime les grosses vagues.	❏	❏	❏
6. Il reste toujours sur la même plage.	❏	❏	❏

11 Cochez les réponses correctes.

Paul Richard parle :
1. de mauvaises conditions climatiques. ❏
2. de la rapidité. ❏
3. d'un vent léger. ❏
4. de l'impression de liberté. ❏
5. de beaux paysages. ❏

12 Écoutez et complétez. ┤ *Entendre ce qui est dit* ├

1. ...., c'est la planche à voile.
2. ...., moi, c'est glisser sur l'eau.
3. ...., c'est un vent fort.
4. Non, franchement, ...!

13 Soulignez ce que vous entendez.

1. Je suis très intéressé par… / Je suis intéressé par…
2. J'aime beaucoup ça. / J'adore ça.
3. J'en fais aussi souvent que possible. / J'en fais le plus souvent possible.
4. Il y a une chose qui me plaît. / Il y a autre chose qui me plaît.

➤ **SITUATION 5**

14 **Dans quel ordre entendez-vous les personnes ?** *Comprendre ce qui est dit*

a	b	c	d	e	f	g
n°…	n°…	n°…	n°…	n°…	n°…	n°…

15 **Cochez les réponses correctes.**

	Accepte de goûter mais n'indique pas son choix	Accepte de goûter et indique son choix	N'accepte pas de goûter
Personne 1	❏	❏	❏
Personne 2	❏	❏	❏
Personne 3	❏	❏	❏
Personne 4	❏	❏	❏
Personne 5	❏	❏	❏
Personne 6	❏	❏	❏
Personne 7	❏	❏	❏

16 **Soulignez ce que vous entendez.** *Entendre ce qui est dit*

1. C'est bon, mais… / Elle est bonne, mais…
2. Ça ne m'intéresse pas, merci. / Ça ne m'intéresse pas, non merci.
3. Je trouve que la première est meilleure. / Je trouve que la première est bien meilleure.
4. Je m'y connais. / Je m'y connais bien.
5. J'en consomme énormément. / Je n'en consomme pas énormément.
6. Je n'aime pas trop les desserts. / Je n'aime pas tellement les desserts.

Parler de ses activités et de ses goûts

17 Dans quel ordre entendez-vous ces phrases ?
Numérotez de 1 à 5.

a. Et j'aime bien l'autre aussi.   ....

b. Bon, je veux bien goûter.   ....

c. Ah, c'est difficile de dire laquelle est la meilleure !... ....

d. Moi ? Écoutez, je suis assez pressée…   ....

e. Mmm… la première n'est pas mal.   ....

B PRONONCIATION

➤ **RYTHME**

La disparition des sons et la langue familière (1)

Le *e* muet	ı. Le **e** ne se prononce pas à la fin d'un mot.	un~~e~~ fill~~e~~ [ynfij]
	2. Dans la langue standard, à l'intérieur d'un mot ou d'un groupe de mots, le **e** ne se prononce pas s'il n'est précédé que d'une seule consonne prononcée.	seul~~e~~ment [sœlmã] C'est bien d~~e~~ vous voir. [sebjɛ̃dvuvwar]
	3. S'il est précédé de plus d'une consonne prononcée, il est articulé.	Ta première semain~~e~~ à la fac. [tapʀəmjɛʀsəmɛnalafak]
	4. Quand plusieurs **e** se succèdent, on en prononce un sur deux.	Je t~~e~~ le dis. [ʒətlədi] J~~e~~ te l~~e~~ dis. [ʒtəldi]
La langue familière	Dans la langue orale familière, certains sons ne sont pas prononcés, par exemple le **u** de *tu* devant une voyelle ou un **h** muet.	Qu'est-ce que t~~u~~ en penses ? [kɛskətãpãs] Où t~~u~~ habites ? [utabit]

18 Cochez si vous entendez le *e*.

1. Avec l~~e~~ chocolat, c'est meilleur.   ❑
2. J'ai beaucoup d~~e~~ cours.   ❑
3. Ils prennent l~~e~~ temps.   ❑
4. C'est un voisin avec qui j~~e~~ m'entends bien. ❑
5. J'ai horreur d~~e~~ ça !   ❑

6. C'est celle d~~e~~ maman.   ❑
7. On s~~e~~ connaît bien.   ❑
8. Ça prend beaucoup d~~e~~ temps.   ❑
9. J~~e~~ voyage toujours en train.   ❑
10. C'est difficile d~~e~~ dire non.   ❑

Parler de ses activités et de ses goûts

19 Écoutez, barrez les *e* et *u* qui ne sont pas prononcés et lisez à voix haute.

1. Tu es contente de ce que tu fais ?
2. Le temps passe vite !
3. Tu apprécies la prof ?
4. Tu as beaucoup de cours ?
5. Tu te rends compte du changement !
6. Tu as sympathisé avec d'autres ?
7. Je veux bien goûter à ce nouveau fromage.
8. Ça ne m'intéresse pas autant que le cinéma.
9. Je n'ai plus de transports en commun, c'est ce qu'il y a de bien.

➤ INTONATION

Manifester son enthousiasme, son manque d'enthousiasme

L'intensité et la hauteur de la voix donnent des indications sur l'émotion. Dans une exclamation, la voix est plus haute et plus forte. Selon le contexte, une exclamation peut exprimer l'enthousiasme.	(très aigu) aigu moyen grave
	Je l'aime bien !
À l'inverse, la même phrase, déclarative, peut exprimer le manque d'enthousiasme.	aigu moyen grave
	Je l'aime bien.

20 Écoutez et lisez à voix haute.

1. C'est mieux que seule dans ma chambre universitaire !
2. Je prends le métro tous les matins.
3. Ça me fait plaisir !
4. Ce n'est pas vraiment mieux qu'à Nantes.
5. Et en plus, je n'ai plus besoin de prendre les transports en commun !
6. C'est très original.
7. Moi, le jardinage, ça ne m'intéresse pas vraiment.

21 Écoutez et cochez.

	Avec enthousiasme	Sans enthousiasme		Avec enthousiasme	Sans enthousiasme
1.	❑	❑	5.	❑	❑
2.	❑	❑	6.	❑	❑
3.	❑	❑	7.	❑	❑
4.	❑	❑	8.	❑	❑

C | EXPRESSION

22 Numérotez de 1 à 5, du plus positif au plus négatif. — *Exprimer ses goûts*

a.   Je n'aime pas tellement.   ....

b.   J'adore.   ....

c.   J'ai horreur de ça.   ....

d.   J'aime bien.   ....

e.   J'aime beaucoup.   ....

23 Associez les expressions équivalentes. — *Exprimer ses goûts, comparer*

1.   Nous apprécions…

2.   Je préfère…

3.   Je ne supporte pas.

4.   Ça m'intéresse.

5.   Je n'aime pas tellement.

6.   Nous détestons…

7.   Nous adorons…

a.   Nous aimons énormément…

b.   J'ai horreur de ça.

c.   Je suis intéressé(e) par…

d.   Ça nous plaît bien…

e.   Je n'apprécie pas beaucoup…

f.   Nous n'aimons absolument pas…

g.   J'aime mieux…

1	2	3	4	5	6	7

24 Cochez la réponse correcte. — *Comparer*

	Indique une différence	Indique une équivalence
1. C'est beaucoup mieux !	❏	❏
2. C'est absolument pareil.	❏	❏
3. C'est moins bien.	❏	❏
4. Ça n'a rien à voir !	❏	❏
5. Elle est meilleure.	❏	❏
6. C'est la même chose.	❏	❏
7. Ça se ressemble.	❏	❏
8. Ce n'est pas différent.	❏	❏
9. C'est le jour et la nuit.	❏	❏
10. C'est incomparable.	❏	❏

Parler de ses activités et de ses goûts

➤ FICHE OUTILS

Créez votre propre fiche avec les expressions qui vous sont utiles.

Décrire ses activités	......
Exprimer ses goûts de manière positive	......
Exprimer ses goûts de manière négative	......
Comparer	......

Pour les jeux de rôle suivants, aidez-vous de votre fiche outils ou des propositions page 120.

25 **Jouez la situation.**

Décrire ses activités, exprimer ses goûts

M. Boyer   Mme Boyer   Julie Boyer   Thomas Boyer

Vous avez passé vos vacances avec la famille Boyer. Vous parlez de chaque membre de la famille à votre ami(e). Vous lui décrivez les activités de loisirs et les goûts de chacun.

26 **Jouez la situation.**

Décrire ses activités

Vous venez d'être engagé(e) à un nouveau poste, dans une société située à 45 minutes de chez vous. Vous expliquez en quoi consiste cet emploi, ce qui vous plaît le plus, le moins, et comment se déroulent vos journées.

Parler de ses activités et de ses goûts

27 **Jouez la situation.** Exprimer ses goûts, comparer

Vous parlez de vos prochaines vacances avec un(e) ami(e). Il/Elle va aller
au bord de la mer et vous explique tout ce que l'on peut y faire. Vous préférez visiter
une capitale/un pays étranger : vous lui dites pourquoi.

28 **Jouez la situation.** Comparer

Le Train Vert

୬୨

Superbe décor 1900
Service excellent
Cuisine traditionnelle française
Spécialité :
le bœuf bourguignon

Menus à 42, 45 et 50 €

Le Penjab

Le meilleur restaurant indien de la capitale

Ambiance intime
Musique discrète

Prix à la carte :
entre 35 € et 50 €

L'Assiette Bio

RESTAURANT VÉGÉTARIEN
EN TERRASSE
GRANDE VARIÉTÉ DE PLATS
ACCUEIL CHALEUREUX

PRIX À LA CARTE :
DE 15 € À 30 €

Vous voulez sortir au restaurant avec deux amis. Vous consultez les trois propositions ci-dessus.
Chacun donne sa préférence en expliquant les raisons de son choix. Ensemble, vous choisissez
le restaurant où vous allez passer la soirée.

29 **Parlez de vous.** Décrire ses activités, exprimer ses goûts

Parlez de votre activité préférée/de votre passion.

FAIRE DES PROJETS ET PRENDRE RENDEZ-VOUS

➤ Formuler un projet ➤ Proposer une activité ➤ Fixer un rendez-vous

A COMPRÉHENSION

Pour chaque situation, déterminez le cadre de la communication à l'aide du questionnaire, page 119.

➤ **SITUATION 1**

1 Répondez aux questions.

Comprendre ce qui est dit

1. Où Cécile veut-elle aller ? ....
2. Qui va venir voir Michel ? ....
3. Qui va faire le guide ? ....
4. Qui insiste ? ....

2 Vrai, faux on ne sait pas ? Cochez.

	Vrai	Faux	On ne sait pas
1. Nathalie laisse un message sur le répondeur de Cécile.	❏	❏	❏
2. Cécile ne sait pas quoi faire le week-end prochain.	❏	❏	❏
3. Nathalie habite à Paris.	❏	❏	❏
4. Nathalie n'est pas contente de faire le guide.	❏	❏	❏
5. La Foire de Paris dure tout le week-end.	❏	❏	❏
6. Nathalie doit rappeler Cécile.	❏	❏	❏

Faire des projets et prendre rendez-vous

3 Soulignez ce que vous entendez.

1. Je veux aller à la Foire de Paris. / Je compte aller à la Foire de Paris.
2. Je voulais savoir si tu étais libre. / Je voudrais savoir si tu étais libre.
3. Dis-moi, tu veux aller à la Foire de Paris ? / Dis-moi, tu peux aller à la Foire de Paris ?
4. Il ne connaît pas du tout Paris. / Il ne connaît pas tout Paris.
5. Notre programme pour le week-end est super. / Notre programme pour le week-end est clair.

➤ SITUATION 2

4 Répondez aux questions.

1. Pourquoi le trafic est-il perturbé ? ....
2. Comment réagit Virginie ? ....
3. Y a-t-il souvent des problèmes sur cette ligne ? ....
4. Que doivent faire les voyageurs :
   – après la première annonce ? ....
   – après la deuxième annonce ? ....

5 Quels sont les projets de chacun ? Cochez.

	Virginie	Clémence	Alain
1. Faire un voyage.	❑	❑	❑
2. Gagner de l'argent.	❑	❑	❑
3. Faire du théâtre.	❑	❑	❑
4. Trouver un travail.	❑	❑	❑
5. Partir en Turquie.	❑	❑	❑
6. Faire un stage en Irlande.	❑	❑	❑

6 Dans quel ordre entendez-vous ces phrases ? Numérotez de 1 à 8.

a. Je compte bien trouver un job. ....
b. Tu as envoyé des CV ? ....
c. Et toi, Clémence, tu fais quoi ? ....
d. Je ne savais pas que tu aimais ça ! ....
e. Vivement la fin de l'année ! ....
f. Il faut que je me renseigne. ....
g. Et qu'est-ce que vous faites cet été ? ....
h. J'ai bien envie de faire un stage. ....

Faire des projets et prendre rendez-vous

➤ SITUATION 3 🔲

7 Répondez aux questions.

1. Quels sont les jours de la semaine mentionnés ? ....
2. Quel est le jour du rendez-vous ? ....
3. Où a lieu le rendez-vous ? ....

8 Vrai, faux, on ne sait pas ? Cochez.

	Vrai	Faux	On ne sait pas
1. Les personnes se retrouvent toutes les semaines.	❑	❑	❑
2. Les personnes sortent de la banque.	❑	❑	❑
3. Les personnes sont toutes occupées mercredi matin.	❑	❑	❑
4. Séverine ne veut pas reporter son rendez-vous chez le dentiste.	❑	❑	❑
5. Le dentiste ne reçoit pas le jeudi.	❑	❑	❑
6. Le rendez-vous à la banque sera annulé.	❑	❑	❑
7. Les personnes vont se téléphoner pour confirmer le rendez-vous.	❑	❑	❑

9 Qui dit quoi ? Cochez.

	Majid	Théo	Séverine
1. Je suis libre mercredi matin et vendredi matin jusqu'à midi.	❑	❑	❑
2. Mercredi matin, j'ai plein de trucs à faire.	❑	❑	❑
3. Vendredi matin, j'ai rendez-vous chez le dentiste.	❑	❑	❑
4. Je peux peut-être me libérer jeudi après-midi.	❑	❑	❑
5. J'irai un autre jour.	❑	❑	❑
6. Jeudi, ben, oui, pour moi, ça va !	❑	❑	❑
7. On dit à la fac, à 14 heures ?	❑	❑	❑
8. Salut, à jeudi !	❑	❑	❑

10 Soulignez ce que vous entendez.

1. Alors, on se retrouve où ? / Alors, on se retrouve quand ?
2. Je l'ai déjà déplacé deux fois. / Je l'ai déjà reporté deux fois.
3. Je dois aller à la banque. / Je dois passer à la banque.
4. Jeudi, ça vous irait à tous les deux ? / Jeudi, ça vous ira à tous les deux ?
5. S'il y a un contretemps, on s'appelle. / Si on n'a pas le temps, on s'appelle.

➤ **SITUATION 4**

11 **Vrai, faux, on ne sait pas ? Cochez.**

Comprendre ce qui est dit

	Vrai	Faux	On ne sait pas
1. La réceptionniste s'appelle Mme Charrier.	❑	❑	❑
2. Stéphane doit signer un contrat avec Mme Charrier.	❑	❑	❑
3. Les personnes fixent un rendez-vous professionnel.	❑	❑	❑
4. Stéphane travaille mercredi.	❑	❑	❑
5. Il rappelle le même jour.	❑	❑	❑
6. Il rappelle pour annuler le rendez-vous.	❑	❑	❑
7. Il a un problème d'ordre professionnel.	❑	❑	❑
8. Les personnes conviennent d'un autre rendez-vous.	❑	❑	❑

12 **Cochez ce que vous entendez ou corrigez.**

Entendre ce qui est dit

1. Je vous appelle, comme prévu. ❑ ....

2. Vous êtes disponible ? ❑ ....

3. Je ne peux ni le mardi ni le vendredi. ❑ ....

4. Vers 15 heures, est-ce que c'est possible ? ❑ ....

5. Vous attendez ? ❑ ....

6. Je dois reporter notre rendez-vous de lundi. ❑ ....

7. J'ai un empêchement. ❑ ....

➤ **SITUATION 5**

13 **Quel dessin correspond au projet de Thierry Barceau ?**

Comprendre ce qui est dit

a. ❑   b. ❑   c. ❑

a.   b.   c.

Faire des projets et prendre rendez-vous

14 **Cochez les slogans que Thierry Barceau pourrait prononcer.**

1. Rejoignez notre association !   ❏
2. Parlons ensemble !   ❏
3. Regroupons-nous !   ❏
4. Construisons un nouvel immeuble !   ❏
5. Fermons la rue à la circulation !   ❏
6. C'est à nous de décider !   ❏
7. Acceptons les décisions de la mairie !   ❏
8. Soyons toujours plus nombreux !   ❏

15 **Complétez les phrases.** *Entendre ce qui est dit*

1. Mon .... est de développer la vie de quartier.
2. J'ai aussi .... d'encourager le dialogue.
3. Pour imaginer des .... qui améliorent notre cadre de vie.
4. Un de ...., par exemple, est de transformer cette rue.
5. J'ai besoin de vous pour appuyer cette ....

B PRONONCIATION

➤ RYTHME

Les syllabes accentuées (2)

Pour indiquer la continuité de la phrase, la dernière syllabe de chaque groupe de mots est marquée par un accent montant. Pour indiquer la fin de la phrase, la dernière syllabe accentuée d'une phrase déclarative est marquée par un accent descendant.	Si je ne trouve **rien** (↑*continuité*), je serai bien embê**tée** (↓ *fin*).

16 **Écoutez, soulignez les syllabes accentuées et lisez à voix haute.**

1. Je suis vraiment embêté.
2. On n'est pas pressés, on va attendre un peu !
3. Je ne suis pas libre avant la fin de la semaine.
4. Vendredi matin, pas de problème.
5. S'il y a un contretemps, on s'appelle.
6. Moi, je suis libre mercredi matin et vendredi matin jusqu'à midi.
7. Bonjour, madame, je vous appelle, comme prévu, pour prendre rendez-vous.
8. Je suis désolée de vous déranger, mais je dois reporter notre rendez-vous de lundi.

Faire des projets et prendre rendez-vous

➤ **RYTHME** 🎴

La langue familière (2)

<table>
<tr>
<td>

Dans la langue orale familière, certains sons ou mots ne sont pas prononcés :
- le *l* des pronoms *il(s)* et *elle(s)* devant une consonne ;
- la négation *ne* ;

- le pronom *il* des expressions *il faut* et *il y a*.

Dans certains cas, la prononciation change.

</td>
<td>

Elle veut aller à la Foire. Ils connaissent Paris.
[ɛvøalealafwaʀ] [ikɔnɛspaʀi]
Ça ne t'empêche pas de venir.
[satɑ̃pɛʃpadvəniʀ]
Il faut lui proposer. Il y a des jours comme ça.
[ifolɥipʀopoze] [jadeʒuʀkɔmsa]
Je suis occupé. [ʃɥiokype]

</td>
</tr>
</table>

17 Écoutez et barrez les sons ou les mots qui ne sont pas prononcés.

1. Il veut savoir si tu es libre aussi.
2. Elle ne peut pas passer le week-end avec nous.
3. Ça ne m'amuse pas.
4. Il faut attendre longtemps, tu crois ?
5. Il n'y a pas de métro.
6. Ils vont m'offrir le voyage.
7. Tu ne peux pas le déplacer ?
8. Il n'y a pas de problème.

18 Écoutez et cochez.

	Français familier	Français standard
1.	❑	❑
2.	❑	❑
3.	❑	❑
4.	❑	❑
5.	❑	❑
6.	❑	❑
7.	❑	❑
8.	❑	❑
9.	❑	❑
10.	❑	❑

➤ **INTONATION** 🎴

S'énerver, protester

<table>
<tr>
<td>

Selon le contexte, une exclamation peut exprimer l'énervement ou la protestation.

</td>
<td>

Oh ! encore ! Ça n'arrête pas, il y a toujours un problème !

</td>
</tr>
</table>

Faire des projets et prendre rendez-vous

19 Écoutez et cochez lorsque la phrase exprime l'énervement ou la protestation.

	Énervement / Protestation			Énervement / Protestation
1.	❑		6.	❑
2.	❑		7.	❑
3.	❑		8.	❑
4.	❑		9.	❑
5.	❑		10.	❑

C EXPRESSION

20 Cochez les expressions utilisées pour formuler un projet.

Formuler un projet

1. Je compte partir demain matin. ❑
2. Nous allons revenir dans deux jours. ❑
3. Mon but est de progresser. ❑
4. Ils vont à la gare. ❑
5. J'ai l'intention de rester une semaine. ❑
6. C'est une bonne intention. ❑
7. Notre projet est de tout changer. ❑
8. Si je réussis, je vais au Canada. ❑
9. J'envisage de m'installer à Marseille. ❑

21 Associez les phrases équivalentes.

Fixer un rendez-vous

1. On se retrouve où ?
2. On dit à quelle heure ?
3. On ne peut pas se libérer.
4. Ça te va ?
5. Je peux reporter.

a. Je peux déplacer mon rendez-vous.
b. Ça te convient ?
c. Vous proposez à quelle heure ?
d. On se donne rendez-vous où ?
e. On a un empêchement.

1	2	3	4	5

Faire des projets et prendre rendez-vous

22 **Cochez l'expression pour proposer une activité.**

Proposer une activité

1. Vous venez avec nous au cinéma ? ❑
2. Allez, ça ne vous empêche pas de nous accompagner ! ❑
3. Il faut que je m'achète un dictionnaire. ❑
4. Tu n'as pas envie d'une petite promenade à pied ? ❑
5. La séance débute à 14 heures. ❑
6. J'ai deux places, on y va ensemble ? ❑
7. Le samedi, ça ne m'arrange pas ! ❑
8. Un restau chinois, ça vous irait ? ❑

➤ FICHE OUTILS

Créez votre propre fiche avec les expressions qui vous sont utiles.

Formuler un projet	......
Proposer une activité	......
Fixer un rendez-vous	......

Pour les jeux de rôle suivants, aidez-vous de votre fiche outils ou des propositions page 121.

23 **Jouez la situation.**

Proposer une activité

Vous proposez à un(e) ami(e) de partir avec vous dimanche faire un pique-nique.

Il/Elle hésite parce que son frère est de passage.

24 **Jouez la situation.**

Formuler un projet

Avec un(e) ami(e), vous organisez votre prochain week-end. Vous discutez avec lui / elle.

Vous vous mettez d'accord.

SES PROJETS AMSTERDAM	VENISE **VOS PROJETS**
Logement chez des amis. Visite du musée Van Gogh. Promenade sur les canaux. Achats au marché aux fleurs.	Logement à l'hôtel. Visite de la basilique San Marco. Tour et photos sur les canaux en gondole. Visite d'une exposition de peinture.

Faire des projets et prendre rendez-vous

---

25 Jouez la situation.

Vous parlez de vos projets de vacances avec deux ami(e)s.

Vous	**1^{er/re} ami(e)**	**2e ami(e)**
— permis de conduire — stage de langue d'un mois	— séjour chez une tante — stage de voile avec des cousins	— deux semaines de travail dans une agence de photos — voyage en famille

26 Jouez la situation.

Vous voulez organiser un rendez-vous de travail avec des collègues
pendant vos heures de bureau. Vous essayez de trouver une demi-journée libre pour tous
les trois, cette semaine. (Une personne proposera de se libérer.)

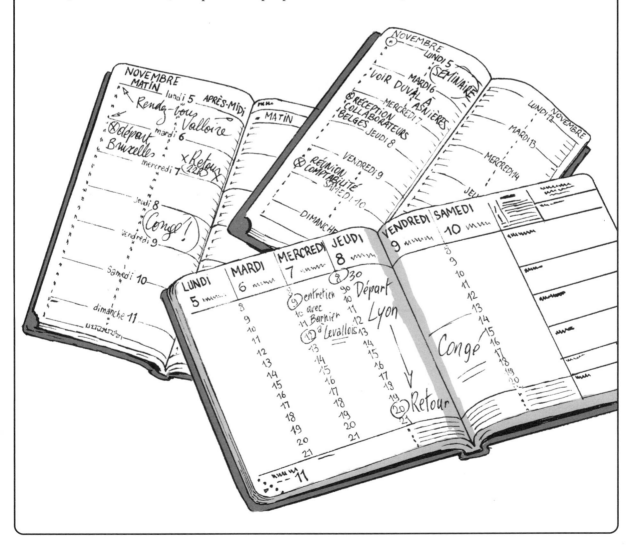

27 **Jouez la situation.** _____

Vous prenez un rendez-vous formel par téléphone (un rendez-vous médical, un rendez-vous pour un entretien d'embauche…), puis vous rappelez pour déplacer le rendez-vous.

28 **Jouez la situation.** _____

Avec un petit groupe d'amis, vous souhaitez créer une association de prêt, d'échange et de vente d'occasion de CD et de DVD. Vous expliquez votre projet aux étudiants de votre école et les encouragez à y participer.

29 **Jouez la situation.** _____

Vous voulez créer une revue de quartier/d'école/de centre sportif.
Vous présentez votre projet à vos amis en expliquant les différentes rubriques que vous prévoyez. Vous leur demandez de vous aider. Vous leur donnez rendez-vous pour le lancement du premier numéro lors de la fête de fin d'année.

30 **Parlez de vous.** _____

Quels sont vos projets pour l'avenir ? Pour l'année prochaine, pour dans cinq ans, pour dans dix ans ?

DEMANDER
SON CHEMIN ET DÉCRIRE UN LIEU

➤ Situer et décrire un lieu   ➤ Demander son chemin   ➤ Indiquer un itinéraire

---

A COMPRÉHENSION

Pour chaque situation, déterminez le cadre de la communication à l'aide du questionnaire, page 119.

➤ **SITUATION 1**

1 **Choisissez le dessin qui correspond
à la situation.**

⎸ *Comprendre ce qui est dit* ⎸

a. ❏   b. ❏   c. ❏

2 **Cochez les réponses correctes.**

Dans la situation, on parle :

1.	des prix bon marché	❏	5. du confort	❏
2.	de la situation au centre-ville	❏	6. de la gastronomie	❏
3.	des nombreuses animations	❏	7. des activités sportives	❏
4.	des jardins	❏	8. de la vue	❏

Demander son chemin et décrire un lieu

3 | Soulignez ce que vous entendez. ────────── *Entendre ce qui est dit*

1. Dix jours en Crète. / Dix jours en Grèce.
2. Pour moins de 200 euros. / Pour moins de 300 euros.
3. Situé en bord de mer. / Situé au bord de la mer.
4. À 20 minutes de l'aéroport. / À 25 minutes de l'aéroport.
5. Restaurant qui domine la baie. / Restaurant qui domine la mer.
6. Comme si vous étiez dans un bateau ! / Comme si vous étiez sur un bateau !

➤ **SITUATION 2** 🎞

4 | Vrai, faux, on ne sait pas ? Cochez. ────── *Comprendre ce qui est dit*

	Vrai	Faux	On ne sait pas
1. La dame veut acheter un appartement.	❑	❑	❑
2. Elle cherche un studio.	❑	❑	❑
3. Elle veut habiter dans le quartier de la Bastille.	❑	❑	❑
4. La cuisine est équipée.	❑	❑	❑
5. L'appartement est près d'une station de métro.	❑	❑	❑
6. Il se trouve dans un passage calme.	❑	❑	❑
7. Il n'y a pas d'ascenseur.	❑	❑	❑
8. Il est exposé au sud.	❑	❑	❑

5 | Complétez.

1. La surface du studio : ....
2. Le montant du loyer : ....
3. Le numéro de l'agence rue de la Roquette : ....
4. L'heure d'ouverture de l'agence : ....
5. L'heure de fermeture de l'agence : ....

6 | Cochez ce que vous entendez ou corrigez. ────── *Entendre ce qui est dit*

1. Je vous téléphone à propos de l'annonce. ❑ ....
2. J'aimerais avoir quelques renseignements. ❑ ....
3. Et il est dans quel quartier ? ❑ ....
4. Il est très bien situé. ❑ ....
5. Et le loyer est de combien ? ❑ ....
6. Les charges sont incluses. ❑ ....
7. Je suis très intéressée. ❑ ....
8. Il vous suffit de passer. ❑ ....

Demander son chemin et décrire un lieu

➤ **SITUATION 3**

7 Vrai, faux, on ne sait pas ? Cochez.

Comprendre ce qui est dit

	Vrai	Faux	On ne sait pas
1. L'automobiliste est seule dans la voiture.	❑	❑	❑
2. La situation se passe un dimanche.	❑	❑	❑
3. L'automobiliste est dans la bonne direction.	❑	❑	❑
4. Elle ne connaît pas la ville de Lamastre.	❑	❑	❑
5. Il y a une fête à Lamastre.	❑	❑	❑
6. Les rues du centre-ville sont étroites.	❑	❑	❑
7. La station-service est indiquée par un panneau.	❑	❑	❑

8 Dans quel ordre entendez-vous ces phrases ?
Numérotez de 1 à 7.

Entendre ce qui est dit

a. Vous continuez encore un peu. ....

b. Vous verrez le panneau. ....

c. Vous allez faire demi-tour. ....

d. Vous allez passer un premier carrefour. ....

e. Vous allez traverser le pont. ....

f. Vous entrez en ville. ....

g. Vous tournez à gauche. ....

9 Soulignez ce que vous entendez.

1. On en vient. / J'en viens.

2. Elle est ouverte 6 jours sur 7. / Elle est ouverte 7 jours sur 7.

3. C'est sur cette route-là ? / C'est dans cette rue-là ?

4. C'est bien ça ? / C'est bien là ?

5. C'est loin d'ici ? / Ça fait loin d'ici ?

➤ **SITUATION 4**

Demander son chemin et décrire un lieu

10 Cochez les réponses correctes.

Dans la situation, on parle :

1. des marchés ☐
2. des peintres ☐
3. des villages ☐
4. de la gastronomie ☐
5. d'événements culturels ☐
6. des corridas ☐
7. de sport ☐
8. de loisirs ☐

11 Associez.

a. plages
b. collines
c. flamants roses
1. Provence   d. festival
2. Marseille   e. villages typiques
3. Avignon   f. vignes
4. Camargue   g. région sauvage
5. Côte d'Azur   h. ruelles étroites
i. bouillabaisse
j. pont
k. élevages de taureaux

1	2	3	4	5

12 Soulignez ce que vous entendez.

1. Ses petits ports. / Les petits ports.
2. Huit cent mille habitants. / Six cent mille habitants.
3. Goûter à la bouillabaisse. / Goûter la bouillabaisse.
4. Vous arrivez en Camargue. / Vous arriverez en Camargue.
5. Chaque année. / Chaque été.
6. Des millions de vacanciers. / Des milliers de vacanciers.

Demander son chemin et décrire un lieu

➤ **SITUATION 5** 📼

13 **Cochez les meubles et les objets qui sont apportés dans l'appartement.**

un fauteuil	❑	une lampe	❑	un téléviseur	❑
une table	❑	un lit	❑	un micro-ondes	❑
un tableau	❑	une machine à laver	❑	une chaîne stéréo	❑
un réfrigérateur	❑	un canapé	❑	un tapis	❑
un ordinateur	❑	un buffet	❑	une cuisinière	❑
des chaises	❑	un miroir	❑	une commode	❑

14 **Répondez aux questions.**

1. Dans quel type d'appartement va habiter le garçon ? ....

2. Les meubles et objets sont installés dans trois endroits différents. Complétez le tableau.

NOM DE L'ENDROIT	MEUBLES ET OBJETS
....	....
....	....
....	....

15 **Cochez ce que vous entendez ou corrigez.**

1. On va être vite fixés. ❑ ....
2. Où est-ce qu'on met les meubles ? ❑ ....
3. On le met sur la mezzanine. ❑ ....
4. La télé dans le coin, en face, là. ❑ ....
5. Le petit frigo près de l'évier. ❑ ....
6. Le micro-ondes au-dessous. ❑ ....
7. Baisse un peu à gauche. ❑ ....
8. Je n'en veux plus. ❑ ....

B PRONONCIATION

➤ **RYTHME** 🔲

Les liaisons obligatoires et les enchaînements consonantiques

On prononce la consonne finale écrite d'un mot avec la voyelle initiale du mot suivant lorsque le premier mot est : – un pronom – un déterminant – une préposition ou un adverbe monosyllabique – un nombre	vous en avez [vuzãnave] un établissement [œ̃netablismã] les anciens hôtels [lezãsiɛ̃zotɛl] en août [ãnut] très élevé [tʀɛzelve] six ans [sizã] vingt étages [vɛ̃tetaʒ]
On enchaîne la consonne prononcée qui termine un mot avec la voyelle du mot suivant.	à un kilomètre environ [aœ̃kilɔmɛtʀãvirõ]

16 Écoutez et indiquez les liaisons et les enchaînements consonantiques.

1. Je vous appelle à propos de l'annonce.
2. Ce studio est situé dans un endroit animé.
3. Il a une chambre dans un ancien immeuble très agréable à vivre.
4. Nous allons au festival tous les ans en août.
5. Ils habitent un appartement très ensoleillé et bien équipé.
6. Il y en a un autre un peu plus loin.
7. Vous en avez pour un instant.

17 Écoutez, indiquez les liaisons et les enchaînements consonantiques et lisez à voix haute.

1. Cet immeuble a été construit il y a trois ans.
2. Nous voudrions une maison de deux étages.
3. Nous aurons un interprète pour visiter le musée.
4. Nous irons demain en Italie et nous résiderons dans un hôtel trois étoiles.
5. Je cherche un atelier assez vaste à partager, nous sommes six architectes.
6. Nous ne sommes pas retournés à Toulouse depuis vingt ans.
7. En Alsace, vous apprécierez la visite en bateau de Strasbourg et son centre historique.
8. À Beaune, nous avons visité les célèbres hospices.
9. Vézelay et son imposante basilique romane vous attendent en Bourgogne.
10. À deux heures en TGV de Paris, Lyon est un centre industriel important.

Demander son chemin et décrire un lieu

➤ **INTONATION** 🔲

Questionner, demander confirmation

Selon le contexte, une interrogation peut signifier qu'on demande confirmation.	aigu
	moyen
	grave
	Vous avez dit Lamastre, c'est bien ça ?

18 **Écoutez et lisez à voix haute.**

1. C'est un grand appartement ? / C'est un grand appartement ?
2. Il se trouve au rez-de-chaussée ? / Il se trouve au rez-de-chaussée ?
3. Vol et séjour, tout est compris ? / Vol et séjour, tout est compris ?
4. Le restaurant domine la baie ? / Le restaurant domine la baie ?
5. C'est sur cette route-là ? / C'est sur cette route-là ?

19 **Entendez-vous une demande de confirmation ou une question ? Cochez et répétez.**

	1	2	3	4	5	6	7
Demande de confirmation	❏	❏	❏	❏	❏	❏	❏
Question	❏	❏	❏	❏	❏	❏	❏

C EXPRESSION

20 **Associez.**

Décrire un lieu

1. La maison se trouve
2. Elle fait
3. Elle a
4. Elle est
5. Elle comprend
6. Il y a
7. C'est

a. un garage de 20 m².
b. en face de la poste.
c. cinq grandes pièces.
d. plus de 150 m² habitables.
e. une maison bretonne.
f. un arrêt de bus à 100 m.
g. peinte en crépi blanc.

1	2	3	4	5	6	7

Demander son chemin et décrire un lieu

21 **Quand utilise-t-on ces phrases ? Cochez.**

Demander son chemin, indiquer un itinéraire

	Pour demander son chemin	Pour indiquer un itinéraire
1. Vous savez où c'est ?	❏	❏
2. C'est juste à droite après le feu.	❏	❏
3. Je peux y aller à pied, ce n'est pas trop loin ?	❏	❏
4. Est-ce qu'il y a un bureau de change près d'ici ?	❏	❏
5. Vous pouvez répéter ? Après le rond-point, je… ?	❏	❏
6. Vous traversez le carrefour.	❏	❏
7. Pour la gare de Lyon, c'est quel bus ?	❏	❏

22 **Où utilise-t-on ces phrases ? Cochez.**

Situer un lieu, indiquer un itinéraire

	Dans la rue	Dans un magasin	Dans une station de métro
1. C'est en face du rayon vêtements.	❏	❏	❏
2. Désolé, je ne suis pas du quartier.	❏	❏	❏
3. Vous prenez la ligne 4, direction Porte d'Orléans.	❏	❏	❏
4. C'est juste après les surgelés.	❏	❏	❏
5. C'est direct ou est-ce qu'il faut changer ?	❏	❏	❏
6. Vous remontez la rue jusqu'au feu.	❏	❏	❏
7. La correspondance est sur le quai.	❏	❏	❏
8. Les caisses sont à côté de l'accueil.	❏	❏	❏

➤ FICHE OUTILS

Créez votre propre fiche avec les expressions qui vous sont utiles.

Situer un lieu	……..
Décrire un lieu	……..
Demander son chemin	……..
Indiquer un itinéraire	……..

Pour les jeux de rôle suivants, aidez-vous de votre fiche outils ou des propositions page 121.

Demander son chemin et décrire un lieu

23 Jouez la situation.

Intéressé(e) par cette petite annonce, vous téléphonez au propriétaire pour avoir des renseignements plus précis. Vous lui demandez de visiter.

> Proche commerces, SNCF, RER. Pavillon récent. Rez-de-chaussée : entrée, cuisine équipée, double séjour, cheminée, WC, garage double, cellier. Étage : 4 chambres, 2 salles de bains, WC. Total 185 m². Terrain 650 m². 265 000 €. 01 64 28 46 12 ou 06 81 42 65 77

24 Jouez la situation.

Vous indiquez à un(e) ami(e) comment venir chez vous à pied/en voiture/ en transports en commun.

25 Jouez la situation.

Vous téléphonez à cet habitant niçois pour proposer un échange avec votre appartement/maison que vous lui décrivez. Vous lui posez des questions pour avoir des informations plus précises sur son appartement à Nice. Vous lui expliquez où vous habitez, comment se rendre chez vous. Vous lui présentez votre région/ville.

> Échange du 1er au 31 août – Nice – Beau F3 face à la mer, tout confort – Parking. Étudie toutes propositions d'échange avec l'étranger. 04 70 11 43 22 (entre 19 et 22 heures)

26 Jouez la situation

Des travaux vont être faits dans votre chambre. Pendant ce temps, vous allez partager celle de votre frère/sœur/ami(e). Vous discutez ensemble de l'arrangement provisoire de la chambre et vous n'êtes pas toujours d'accord sur l'emplacement des objets.

27 Parlez de vous.

Vous présentez votre région/pays. Vous parlez de l'endroit où vous habitez.

PARLER D'UN OBJET

➤ S'informer sur un objet ➤ Décrire un objet ➤ Acheter
➤ Expliquer un problème ➤ Proposer une solution

A COMPRÉHENSION

Pour chaque situation, déterminez le cadre de la communication à l'aide du questionnaire, page 119.

➤ SITUATION 1

1 Vrai, faux, on ne sait pas ? Cochez.

Comprendre ce qui est dit

	Vrai	Faux	On ne sait pas
1. La jeune fille a laissé sa valise dans l'avion.	❏	❏	❏
2. Elle ne sait plus si son nom est dessus.	❏	❏	❏
3. L'employé vérifie le contenu de la valise.	❏	❏	❏
4. La jeune fille ne retrouve pas ses dossiers.	❏	❏	❏
5. Elle signe un papier.	❏	❏	❏
6. Elle va aller au commissariat tout de suite.	❏	❏	❏

2 Retrouvez les caractéristiques de la valise.

1. Sa taille : ....
2. Sa matière : ....
3. Sa couleur : ....
4. Son contenu : ....

3 Cochez ce que vous entendez ou corrigez.

Entendre ce qui est dit

1. Je peux vous aider ?   ❑ ....
2. Et elle est grande comment ?   ❑ ....
3. Je ne sais pas comment ça s'appelle.   ❑ ....
4. Ça ressemble à du cuir.   ❑ ....
5. Il y a un nom dessus ?   ❑ ....
6. Bon, vous attendez, je vais voir.   ❑ ....
7. Je peux regarder ?   ❑ ....
8. Je vais vous demander de signer ici.   ❑ ....

➤ SITUATION 2 🖭

4 Vrai, faux, on ne sait pas ? Cochez.

Comprendre ce qui est dit

	Vrai	Faux	On ne sait pas
1. On appelle la maman de Caroline Bouchard.	❑	❑	❑
2. La dame veut acheter un appareil photo pour son petit-fils.	❑	❑	❑
3. Elle a une marque préférée.	❑	❑	❑
4. Le garçon a repéré un appareil gris.	❑	❑	❑
5. Le modèle proposé est fragile.	❑	❑	❑
6. Le garçon fait de bonnes photos.	❑	❑	❑
7. La dame va payer par chèque.	❑	❑	❑
8. L'appareil est vendu avec des piles.	❑	❑	❑

5 Cochez la réponse correcte.

Le vendeur insiste sur :

1. l'utilisation facile de l'appareil ❑   4. sa solidité ❑
2. sa couleur ❑   5. la beauté des photos ❑
3. son prix intéressant ❑

6 Soulignez ce que vous entendez.

Entendre ce qui est dit

1. Je peux vous aider ? / Je peux vous renseigner ?
2. Et vous avez un modèle préféré ? / Et vous avez une marque préférée ?
3. Il a vu un modèle qui lui plaît. / Il a vu un modèle qui me plaît.
4. C'est un excellent rapport qualité-prix. / C'est un très bon rapport qualité-prix.
5. Vous pouvez aller régler à la caisse. / Vous pouvez aller payer à la caisse.

➤ **SITUATION 3** 🎬

7 Quelles sont les caractéristiques
de chaque objet ? Associez.

Comprendre ce qui est dit

a. Il ne prend pas beaucoup de place.

b. Il est comme une calculatrice.

1. Le lecteur de cartes   c. Il est en promotion.

2. Le clavier musical   d. Il permet d'animer des fêtes.

3. L'entraîneur douceur   e. Il est vendu avec un étui.

f. Il peut s'utiliser avec un casque.

g. Il fait travailler les muscles.

1	2	3

8 Cochez les nombres que vous entendez
ou corrigez.

Entendre ce qui est dit

1. 23 € ❏ ....
2. 180 € ❏ ....
3. 13 kilos ❏ ....
4. 1 m ❏ ....
5. 1,80 m ❏ ....
6. 50 cm ❏ ....
7. 25 % ❏ ....
8. 72 € ❏ ....
9. 92 € ❏ ....

9 Soulignez ce que vous entendez.

1. Vous avez la possibilité de régler avec la carte… / Vous avez la possibilité de payer avec la carte…

2. Il vous permet de lire… / Il permet de lire…

3. Il est livré avec son étui. / Il est livré avec l'étui.

4. Il est peu encombrant. / Il est un peu encombrant.

5. Il n'est pas trop lourd. / Il n'est pas très lourd.

➤ SITUATION 4

10 Vrai, faux, on ne sait pas ? Cochez.

Comprendre ce qui est dit

	Vrai	Faux	On ne sait pas
1. Le client a acheté un barbecue par correspondance.	❏	❏	❏
2. Le client habite rue Voltaire.	❏	❏	❏
3. Le client a reçu le même barbecue en cadeau.	❏	❏	❏
4. Le client a ouvert le paquet.	❏	❏	❏
5. Le barbecue est sous garantie.	❏	❏	❏
6. Le client va rapporter un barbecue au magasin.	❏	❏	❏
7. La vendeuse propose tout de suite de rembourser le client.	❏	❏	❏
8. Le client va passer au magasin le jour même.	❏	❏	❏

11 Dans quel ordre entendez-vous ces phrases ? Numérotez de 1 à 6.

Entendre ce qui est dit

a. Je pense que ça devrait pouvoir s'arranger. ....

b. Est-ce que l'emballage est ouvert ? ....

c. À votre service, monsieur. ....

d. Monique, à votre service. ....

e. C'est possible aussi, monsieur. ....

f. Vous avez gardé votre ticket de caisse ? ....

12 Soulignez ce que vous entendez.

1. Je vous ai acheté un barbecue. / J'ai acheté un barbecue.

2. Je leur avais prêté votre catalogue. / Je leur avais montré votre catalogue.

3. Je voudrais savoir… si je peux vous en vendre un. / Je voudrais savoir… si je peux vous en rendre un.

4. On vous fait un avoir. / On vous fera un avoir.

5. Je ne peux pas être remboursé ? / Je ne vais pas être remboursé ?

➤ **SITUATION 5**

13 **Répondez aux questions.** *Comprendre ce qui est dit*

1. Quels sont les jours et les horaires où on peut appeler CompuAssistance ? ....
....
2. Est-ce que c'est la première fois que la cliente téléphone ? ....
3. Quel est son problème ? ....
4. Le technicien trouve-t-il l'origine du problème ? ....
5. Qu'est-ce qu'il propose à la cliente ? ....

14 **Qui dit quoi ? Associez.**

| | |
1. La cliente
2. Le technicien

a. Oui, c'est ça.
b. Ça ne change rien.
c. Ça y est.
d. C'est bizarre.
e. Ce n'est pas normal, ça.
f. Ça dépend.

1	2

15 **Complétez.** *Entendre ce qui est dit*

1. Si vous ...., tapez 1.
2. Si vous ...., tapez 2.
3. Si vous ...., tapez 3.

16 **Dans quel ordre entendez-vous ces phrases ?**
Numérotez de 1 à 6.

a. Vous allez cliquer sur l'icône d'un de vos fournisseurs d'accès. ....
b. Vous avez un modem au moins ? ....
c. On va essayer de voir ça. ....
d. Vous allez cliquer dessus. ....
e. Vous pouvez me rappeler votre numéro de dossier ? ....
f. Vous avez une fenêtre, normalement, qui s'affiche. ....

B PRONONCIATION

➤ RYTHME

L'insistance

Pour insister ou attirer l'attention sur un mot ou sur une phrase complète, la première ou toutes les syllabes sont accentuées. On peut aussi répéter les mots sous une autre forme pour les mettre en relief.	Je veux **cet** appareil pho**to**. Je suis **é-pou-van-té**. **Il** est très bien, **cet** appareil. **Cette** machine, **elle** est très pratique.

17 Écoutez et lisez à voix haute.

1. C'est inacceptable !
2. C'est toi qui vas t'en servir, ce n'est pas moi !
3. Et les pellicules, on les achète où ?
4. Elle est comment, votre valise ?
5. Mais votre ticket de caisse, vous l'avez gardé ?
6. Non, c'est un A, comme Anne.
7. Mon numéro de dossier, je vous l'ai déjà donné.
8. Qu'est-ce qu'il dit, le message affiché ?
9. Je n'ai pas dit « demain », j'ai dit « matin ».

➤ INTONATION

Hésiter

Pour exprimer une hésitation, on allonge la dernière syllabe d'un groupe de mots. Le groupe est souvent suivi d'une pause.	aigu
	moyen
	grave
	C'est un peu... comment dire... cher.

18 Écoutez et lisez à voix haute.

1. Je cherche un appareil photo... euh... numérique.
2. J'ai perdu ma valise... euh... en fait, je l'ai laissée dans le train.
3. Ça ressemble à... à un vélo d'appartement.
4. Je l'ai vu dans votre magasin rue... rue Voltaire.
5. Je voudrais savoir... euh... si je peux en rendre un.
6. Euh... je ne sais pas, moi.
7. Et... euh... combien de temps vous la garderez ?

19 Entendez-vous une hésitation ? Cochez.

1. ☐   3. ☐   5. ☐   7. ☐
2. ☐   4. ☐   6. ☐   8. ☐

➤ **INTONATION** 🔲

Rassurer

20 Écoutez et lisez à voix haute.

1. Ne t'inquiète pas, mamie.
2. Pas de problème, madame, avec ce genre d'appareil, on n'a pas besoin de pellicules.
3. Ne vous en faites pas, mademoiselle, ils sont quelque part.
4. Mais oui, il est équipé d'un casque, vos voisins ne seront pas dérangés.
5. Bien sûr, monsieur, vous pouvez être remboursé.
6. Bon, on va essayer de voir ça ensemble.
7. Ne vous faites pas de soucis, madame, on va trouver une solution.

C EXPRESSION

21 Ces phrases décrivent-elles un objet ou parlent-elles de son utilisation ? Cochez.

Décrire un objet

	Description	Utilisation
1. Ça ressemble à un appareil photo.	☐	☐
2. C'est comme un piano.	☐	☐
3. C'est pour écrire.	☐	☐
4. C'est facile à transporter.	☐	☐
5. Ça sert à faire de la musique.	☐	☐
6. Il vous permet de vous connecter.	☐	☐
7. C'est très fragile.	☐	☐
8. Avec ça, on peut couper.	☐	☐
9. Il est peu encombrant.	☐	☐
10. Elle est légère.	☐	☐
11. Il prend peu de place.	☐	☐
12. On s'en sert pour faire des copies.	☐	☐

22 Qui parle ? Associez.

1. Le vendeur	a. Vous allez régler à la caisse.
	b. Il fait combien ?
	c. Je peux vous aider ?
	d. Vous avez une marque préférée ?
	e. C'est un excellent rapport qualité-prix.
	f. Vous offrez une réduction ?
2. Le client	g. Je peux vous renseigner ?
	h. J'ai vu un modèle qui me plaît.
	i. Je cherche quelque chose de solide.
	j. Vous payez comment ?
	k. À votre service.

1	2

23 Ces phrases évoquent-elles un problème ou une solution ? Cochez.

	Problème	Solution
1. Ça va pouvoir s'arranger ?	❏	❏
2. Je n'arrive pas à le faire marcher.	❏	❏
3. On va voir ça ensemble.	❏	❏
4. Ne t'inquiète pas, on va trouver la réponse.	❏	❏
5. Je ne sais plus quoi faire !	❏	❏
6. On ne peut vraiment pas me rembourser ?	❏	❏
7. On va essayer d'arranger ça.	❏	❏
8. Comment je vais faire ?	❏	❏
9. Ne vous en faites pas, j'ai la réponse !	❏	❏
10. J'ai cet appareil en double.	❏	❏

➤ FICHE OUTILS

Créez votre propre fiche avec les expressions qui vous sont utiles.

S'informer sur un objet	....
Décrire un objet	....
Acheter	....
Expliquer un problème	....
Proposer une solution	....

Pour les jeux de rôle suivants, aidez-vous de votre fiche outils ou des propositions page 122.

Parler d'un objet

24 Jouez la situation.

Vous cherchez un cadeau pour une personne de votre entourage.

Vous n'avez pas d'idée précise. Vous vous informez auprès du vendeur, vous choisissez le troisième article qui vous est proposé et vous payez.

25 Jouez la situation.

Un(e) ami(e) vous demande des précisions sur un objet que vous venez d'acheter : vous répondez à ses questions.

26 Jouez la situation.

Vous êtes à la réception de votre école/à l'aéroport/à la gare/à l'hôtel/ dans un restaurant… et vous demandez un objet que vous avez perdu ou oublié. Vous le décrivez de manière précise. L'employé(e) ne trouve pas votre objet. Vous insistez.

27 Jouez la situation.

Vous avez acheté un objet mais vous changez d'avis/il est endommagé/il fait double emploi. Vous retournez au magasin pour essayer d'obtenir un échange/un avoir/le remboursement. Le vendeur/la vendeuse n'est pas d'accord. Il/Elle appelle son directeur/sa directrice des ventes. Vous discutez du problème tous les trois.

28 Jouez la situation.

Vous avez acheté un appareil électronique mais il ne fonctionne pas. Vous appelez le service après-vente pour régler le problème. Vous discutez au téléphone pour trouver une solution.

29 Parlez de vous.

Vous possédez un objet que vous aimez beaucoup. Présentez-le. Dites d'où il vient et pourquoi vous y tenez.

DEMANDER ET DONNER DES RENSEIGNEMENTS

➤ S'informer et informer sur des services ➤ Faire une réservation

A COMPRÉHENSION

Pour chaque situation, déterminez le cadre de la communication à l'aide du questionnaire, page 119.

➤ **SITUATION 1** 🎞

1 **Répondez aux questions.**

Comprendre ce qui est dit

1. Où travaille l'homme ? ....
2. Que lui demande la femme ? ....
3. Quel est le problème ? ....
4. Que propose l'homme ? ....

2 **Soulignez ce que vous entendez.**

Entendre ce qui est dit

1. Je voudrais vous réserver une table. / Je voudrais réserver une table.
2. Combien de personnes ? / Combien de couverts ?
3. Ça fait tard. / Ça fera tard.
4. Je suis désolé, c'est complet. / Je regrette, c'est complet.
5. Je voudrais bien, oui. / Je veux bien, oui.
6. Mais ne tardez pas ! / Mais n'attendez pas !

3 **Cochez ce que vous entendez ou corrigez.**

1. Le vendredi 6. ❏ ....
2. Nous sommes neuf. ❏ ....
3. Pas avant 21 h 30. ❏ ....
4. Vers 20 heures. ❏ ....
5. C'est le 02 72 36 20 40. ❏ ....

Demander et donner des renseignements

> ## ➤ SITUATION 2 ▭

4 **Vrai, faux, on ne sait pas ? Cochez.**

Comprendre ce qui est dit

	Vrai	Faux	On ne sait pas
1. L'homme vient de voyager en avion.	❑	❑	❑
2. L'employée loue des voitures.	❑	❑	❑
3. L'homme a une place pour le tournoi.	❑	❑	❑
4. Il est tout seul.	❑	❑	❑
5. Il voudrait une voiture pour trois jours.	❑	❑	❑
6. Il la rendra lundi après-midi.	❑	❑	❑

5 **Soulignez ce que vous entendez.**

Entendre ce qui est dit

1. Air Lux 207 / Air Lux 217.
2. Porte numéro 24 / Porte numéro 34.
3. 51,70 € / 51,60 €.
4. Allée G / Allée J.

6 **Complétez.**

1. Départ .... Beyrouth.
2. Les .... sont invités à se présenter ....
3. Je vous donne le .... à remplir.
4. Vous avez votre .... et une ...., s'il vous plaît ?
5. Vous signez .... ici.
6. Les .... de la voiture sont à l'intérieur.

> ## ➤ SITUATION 3 ▭

7 **Vrai, faux, on ne sait pas ? Cochez.**

Comprendre ce qui est dit

	Vrai	Faux	On ne sait pas
1. Les deux garçons habitent à Paris.	❑	❑	❑
2. Ils parlent tout de suite à une hôtesse.	❑	❑	❑
3. Les enfants de moins de trois ans ne paient pas.	❑	❑	❑
4. Les deux garçons vont payer 20 euros.	❑	❑	❑
5. Le parc est ouvert toute l'année sans interruption.	❑	❑	❑
6. Le week-end, le parc reste ouvert plus tard qu'en semaine.	❑	❑	❑
7. On est au mois de mai.	❑	❑	❑

8 Cochez les réponses correctes.

L'hôtesse informe sur :
1. les différentes attractions ❑
2. les prix ❑
3. l'itinéraire ❑
4. les jours d'ouverture ❑
5. les horaires ❑

9 Associez.

Entendre ce qui est dit

1. Vous voulez tout savoir sur le parc,
2. Pour connaître les tarifs,
3. Pour savoir comment accéder au parc,
4. Pour avoir tous les horaires,
5. Pour dialoguer avec une hôtesse,

a. tapez 3.
b. tapez « dièse » (#).
c. tapez « étoile » (*).
d. tapez 1.
e. tapez 2.

1	2	3	4	5

10 Soulignez ce que vous entendez.

1. Je suis là pour vous renseigner. / Je peux vous renseigner.
2. Je pourrais savoir combien coûte le billet. / Je voudrais savoir combien coûte le billet.
3. L'entrée est gratuite. / Les entrées sont gratuites.
4. C'est pour onze ans inclus. / C'est pour onze ans et plus.
5. Tu veux autre chose ? / Tu veux savoir autre chose ?

➤ SITUATION 4 🔲

11 Vrai, faux, on ne sait pas ? Cochez.

Comprendre ce qui est dit

	Vrai	Faux	On ne sait pas
1. L'homme qui appelle ne connaît pas cette banque.	❑	❑	❑
2. Son ami va habiter à Lyon.	❑	❑	❑
3. Son ami est célibataire.	❑	❑	❑
4. L'employé demande une facture EDF et un passeport.	❑	❑	❑
5. Pour être à la BLC, il faut déposer de l'argent.	❑	❑	❑
6. L'ami souhaite avoir une carte bancaire.	❑	❑	❑
7. Pour une carte, il faut attendre trois semaines environ.	❑	❑	❑

12 **Soulignez ce que vous entendez.** — *Entendre ce qui est dit*

1. Je voudrais quelques renseignements. / Je voudrais des renseignements.
2. Il voudrait ouvrir un compte. / Il aimerait ouvrir un compte.
3. Écoutez, c'est vraiment très simple. / Écoutez, c'est très simple.
4. Il faut un justificatif de domicile. / Il lui faut un justificatif de domicile.
5. Et c'est quel délai pour avoir un carnet de chèques ? /
   Et quel est le délai pour avoir un carnet de chèques ?
6. Je vais lui transmettre toutes ces informations. / Je vais lui donner toutes ces informations.

➤ **SITUATION 5**

13 **Vrai, faux, on ne sait pas ? Cochez.** — *Comprendre ce qui est dit*

	Vrai	Faux	On ne sait pas
1. Les voyageurs doivent mettre leurs bagages dans un endroit spécial.	❏	❏	❏
2. Il y a des voitures réservées pour les fumeurs.	❏	❏	❏
3. Les voyageurs peuvent téléphoner dans le train.	❏	❏	❏
4. Les espaces nursery sont au milieu du train.	❏	❏	❏
5. Les bars sont ouverts tout le temps du voyage.	❏	❏	❏
6. Tous les passagers remplissent une carte.	❏	❏	❏
7. Il y a un contrôle de police dans le train.	❏	❏	❏
8. On ne contrôle pas les passagers de l'Union européenne.	❏	❏	❏

14 **Cochez ce que vous entendez ou corrigez.** — *Entendre ce qui est dit*

1. Bienvenue à bord de l'Eurostar. ❏ ....
2. … à 10 heures 15, heure locale. ❏ ....
3. Nous vous demandons de bien vouloir vérifier… ❏ ....
4. Nous vous informons qu'il est strictement interdit de fumer. ❏ ....
5. Vous y trouverez des sandwichs. ❏ ....
6. … une fiche d'immigration qui sera donnée. ❏ ....
7. Nous sommes à votre disposition… ❏ ....

B PRONONCIATION

➤ **RYTHME** 🔲

Les liaisons facultatives et les niveaux de langue

Les liaisons facultatives sont les liaisons : – que le locuteur fait seulement s'il le désire ; – qui donnent au discours un caractère plus formel.	Pas avant ce soir. [pazavɑ̃səswaʀ] *(formel)* Pas avant ce soir. [paavɑ̃sswaʀ] *(familier)* Quand on voit [kɑ̃tɔ̃vwa] *(formel)* Quand on voit [kɑ̃ɔ̃vwa] *(familier)*

15 **Écoutez et lisez à voix haute.**

1. Alors, vendredi, pas après minuit. / Alors vendredi, pas après minuit.
2. Nous sommes un peu en retard. / Nous sommes un peu en retard.
3. Mais il paraît que c'est très bien. / Mais il paraît que c'est très bien.
4. Le parc est interdit aux voitures. / Le parc est interdit aux voitures.
5. C'est absolument impossible ce soir. / C'est absolument impossible ce soir.

16 **Entendez-vous du français familier ou du français formel ?**
Cochez. Soulignez la liaison quand vous l'entendez.

	Français familier	Français formel
1. C'est une Clio verte.	❏	❏
2. Les papiers de la voiture sont à l'intérieur.	❏	❏
3. Vous devez apporter une pièce d'identité.	❏	❏
4. C'est une ligne vocale, je déteste !	❏	❏
5. S'il veut une carte bancaire, c'est un peu plus long.	❏	❏
6. C'est ouvert tous les jours ?	❏	❏
7. Nous voudrions une voiture pour 48 heures.	❏	❏
8. Il lui faut un justificatif de domicile.	❏	❏
9. Il est strictement interdit de fumer dans le train.	❏	❏
10. Ils doivent avoir beaucoup de monde aussi !	❏	❏

Demander et donner des renseignements

➤ **INTONATION** 🎞

Marquer l'évidence

Pour marquer l'évidence, on peut interrompre une phrase et laisser le destinataire la poursuivre mentalement.	aigu moyen grave Il y a du monde. En période de fêtes…

17 **Écoutez et lisez à voix haute.**

1. C'est complet. Vous savez, un vendredi…

2. Nous n'avons plus beaucoup de choix, avec le tournoi…

3. Bien sûr, pour les enfants de dix ans…

4. Et une pièce d'identité. Vous comprenez…

5. C'est un peu plus long. Pour une carte bancaire…

6. Attention ! Les bagages devant les portes…

➤ **INTONATION** 🎞

Exprimer son soulagement, sa déception

Pour exprimer le soulagement, la dernière syllabe d'une phrase exclamative est marquée par un accent montant.	aigu moyen grave Ah ! Je préfère ça !
Pour exprimer la déception, la dernière syllabe d'une phrase exclamative est marquée par un accent descendant.	aigu moyen grave Oh ! J'aurais tant voulu que tu viennes !

18 **Entendez-vous une déception ou un soulagement ?**
Cochez.

	Déception	Soulagement
1.	❑	❑
2.	❑	❑
3.	❑	❑
4.	❑	❑
5.	❑	❑
6.	❑	❑
7.	❑	❑

Demander et donner des renseignements

C EXPRESSION

19 Qui parle ? Cochez.

S'informer, informer sur des services

	Client	Employé
1. Quels sont les horaires d'ouverture ?	❏	❏
2. Je voudrais savoir ce qu'il faut comme papiers.	❏	❏
3. Vous devez remplir ce formulaire.	❏	❏
4. C'est ouvert jusqu'à quelle heure ?	❏	❏
5. Pour une cinq places, il faut compter 35 € par jour.	❏	❏
6. Nous sommes ouverts tous les jours, y compris les jours fériés.	❏	❏
7. Quel est le délai pour un nouveau chéquier ?	❏	❏
8. Est-ce que le petit déjeuner est compris ?	❏	❏
9. Nous voudrions une chambre pour deux nuits.	❏	❏
10. Vous avez réservé ?	❏	❏

20 Où peut-on entendre ces phrases ?
Cochez la ou les réponse(s) correcte(s).

Faire une réservation

1. Combien de personnes êtes-vous ?
   a. Au restaurant. ❏
   b. Au théâtre. ❏

2. Désolé, madame, nous sommes complets ce soir.
   a. Au restaurant. ❏
   b. À la gare. ❏

3. Vous voulez combien de places ?
   a. À l'hôtel. ❏
   b. Au théâtre. ❏

4. Il faut verser des arrhes ?
   a. À l'hôtel. ❏
   b. À la gare. ❏

5. J'appelle pour annuler la réservation.
   a. À l'agence de voyages. ❏
   b. Au théâtre. ❏

6. Vous devez confirmer au plus tard 48 heures avant le départ.
   a. À l'aéroport. ❏
   b. À l'hôtel. ❏

7. Vous avez retenu à quel nom ?
   a. À l'hôtel. ❏
   b. Au théâtre. ❏

> ➤ **FICHE OUTILS**
>
> **Créez votre propre fiche avec les expressions qui vous sont utiles.**
>
> | | |
> |---|---|
> | S'informer sur des services | ...... |
> | Informer sur des services | ...... |
> | Faire une réservation | ...... |

Pour les jeux de rôle suivants, aidez-vous de votre fiche outils ou des propositions page 122.

21 **Jouez la situation.**

Faire une réservation

Vous téléphonez au théâtre pour réserver pour le jeudi 15. Il n'y a pas de places disponibles avant le mercredi 21.

• Catégorie 1 : 52 €

• Catégorie 2 : 42 €

• Catégorie 3 : 18 €

Représentations : 20 h 30.

Matinées : dimanche et mercredi : 15 heures.

Relâche : mardi.

22 **Jouez la situation.**

S'informer sur des services

Vous voulez louer un vélo. Vous allez dans une agence de location.

Vélo de ville ou VTT

(caution : 220 € par vélo et une pièce d'identité)

Adultes

Pour une semaine : 53 €

Pour un week-end : 30,3 €
(samedi et dimanche)

Pour une journée : 12,12 €

Enfants (jusqu'à 10 ans)

Pour une semaine : 20,5 €

Pour un week-end : 13,4 €
(samedi et dimanche)

Pour une journée : 5,8 €

23 Jouez la situation. _____ S'informer sur des services

Vous êtes intéressé(e) par la visite d'un château et de ses jardins. Vous téléphonez pour obtenir toutes les informations nécessaires (horaires, tarifs de groupe, durée de la visite, etc.)

Horaires	_Tarifs_	_Visite guidée_
9 heures-18 heures	_adultes_ : 10 €	_départs_ : 11 heures,
(15 mai-15 octobre)	_enfants (3-12 ans)_ : 6,3 €	13 heures et 15 heures
10 heures-16 heures	gratuit pour les enfants	_durée de la visite_ :
(15 mars-15 mai)	de moins de trois ans	1 heure 30
fermé le jeudi	_groupes_ : 7,5 € par personne	
	parc seul : 1,25 €	

24 Jouez la situation. _____ S'informer sur des services

Vous souhaitez vous inscrire dans un centre de formation pour des cours d'informatique/de cuisine/de photo… Vous vous informez sur les prix, les conditions d'inscription, les conditions de paiement, les horaires, etc.

25 Jouez la situation. _____ Informer sur des services

Un couple d'amis va venir s'installer dans votre pays. Vous leur donnez des informations sur les démarches pour trouver un appartement, ouvrir un compte bancaire, louer une voiture, inscrire les enfants dans une école/une université, s'inscrire à une activité de loisirs, etc.

26 Parlez de vous. _____ Informer sur des services

Vous présentez un lieu que vous aimez à un(e) ami(e) de passage dans votre région. Vous expliquez ce qu'on y trouve. Vous lui donnez les informations pratiques sur cet endroit.

7

RACONTER
UNE HISTOIRE PERSONNELLE

➤ Raconter ➤ Demander des précisions ➤ Expliquer ➤ Justifier

A COMPRÉHENSION

Pour chaque situation, déterminez le cadre de la communication à l'aide du questionnaire, page 119.

➤ **SITUATION 1**

1 Répondez aux questions.

Comprendre ce qui est dit

1. Où M. Delpeuch a-t-il mal ? ....

2. M. Delpeuch a-t-il bien dormi ? ....

3. Qui a déménagé ? ....

4. Qu'est-ce que M. Delpeuch a pris dans ses bras ? ....

5. M. Delpeuch est-il tombé ? ....

6. Qu'est-ce que Mme Delpeuch a acheté ? ....

2 Soulignez ce que vous entendez.

Entendre ce qui est dit

1. Qu'est-ce qui vous arrive ? / Qu'est-ce qui vous est arrivé ?

2. J'ai voulu aider mon fils. / Je voulais aider mon fils.

3. Vous avez acheté des médicaments ? / Vous avez pris des médicaments ?

4. Je n'ai pas pu vous appeler. / Je n'ai pas voulu vous appeler.

3 Dans quel ordre entendez-vous ces phrases ?
Numérotez de 1 à 5.

a. Je me suis allongé. ....

b. Je me suis baissé pour soulever un carton. ....

c. J'ai réussi à m'asseoir. ....

d. Je suis resté coincé comme ça un bon moment. ....

e. J'ai pu rentrer chez moi. ....

Raconter une histoire personnelle

➤ **SITUATION 2**

4 **Répondez aux questions.** ┤ *Comprendre ce qui est dit* ├

1. Où se passe la scène ? ....

2. Quel âge a Mme Gondal ? ....

3. Où sont allés les gens du village ? ....

4. Maintenant, combien y a-t-il d'habitants à Lieutadès ? ....

5 **Associez.**

1. Elle s'est mariée		a.	à la naissance de Marie-Jeanne.	
2. Le village comptait plus de 1 000 habitants		b.	l'année dernière.	
3. Les gens ont quitté le village		c.	à l'âge de dix-huit ans.	
4. La population est de 150 habitants environ		d.	dans les années 50-60.	
5. L'école a dû fermer ses portes		e.	aujourd'hui.	

1	2	3	4	5

6 **Cochez ce que vous entendez ou corrigez.** ┤ *Entendre ce qui est dit* ├

1. Elle a eu dix enfants. ❑ ....

2. Il y avait une épicerie, une boucherie, deux boulangeries. ❑ ....

3. Le seul commerce qui manquait… ❑ ....

4. Pour les médicaments, on devait aller à la ville voisine. ❑ ....

5. Les gens sont partis du village. ❑ ....

6. … toutes ces époques qu'elle a connues. ❑ ....

➤ **SITUATION 3** 🔲

7 **Vrai, faux, on ne sait pas ? Cochez.**

	Vrai	Faux	On ne sait pas
1. Philippe appelle Thérèse.	❏	❏	❏
2. Jean a appelé Philippe.	❏	❏	❏
3. Philippe connaît la nouvelle.	❏	❏	❏
4. Les voleurs sont entrés par la fenêtre.	❏	❏	❏
5. Ça a eu lieu dans la matinée.	❏	❏	❏
6. Les voleurs ont pris un vieil appareil photo.	❏	❏	❏
7. Thérèse est malade.	❏	❏	❏
8. La police n'est pas venue.	❏	❏	❏
9. Les voisins travaillent dans une compagnie d'assurances.	❏	❏	❏

8 **Associez.**

1. Les cambrioleurs
2. Les policiers
3. Les voisins

a. Ils n'ont rien entendu.
b. Ils ont fracturé la porte d'entrée.
c. Ils étaient plusieurs.
d. Ils étaient au travail.
e. Ils sont venus assez vite.
f. Ils ne peuvent pas faire grand-chose.
g. Ils ont emporté le magnétoscope.

1	2	3

9 **Soulignez ce que vous entendez.**

1. Il m'a raconté pour ton cambriolage… / Il m'a dit pour ton cambriolage…
2. Et quand est-ce que ça s'est passé ? / Et quand est-ce que ça se passe ?
3. Quand je suis entrée vers midi et demi. / Quand je suis rentrée vers midi et demi.
4. Je n'ai pas compris tout de suite. / J'ai compris tout de suite.
5. Et ils ont emporté beaucoup de choses ? / Et ils ont apporté beaucoup de choses ?
6. … un bracelet qui était à ma grand-mère. / … un bracelet qui venait de ma grand-mère.
7. J'ai tout de suite alerté la police. / J'ai tout de suite appelé la police.

➤ **SITUATION 4** 🔲

10 **Vrai, faux, on ne sait pas ? Cochez.**

Comprendre ce qui est dit

	Vrai	Faux	On ne sait pas
1. La jeune fille attend depuis 45 minutes.	❏	❏	❏
2. Pierre retourne chez lui pour prendre des documents.	❏	❏	❏
3. Il habite au rez-de-chaussée.	❏	❏	❏
4. La mère de Pierre est partie en week-end.	❏	❏	❏
5. Pierre attend le bus.	❏	❏	❏
6. Le chauffeur de la voiture ne freine pas.	❏	❏	❏

11 **Retrouvez l'ordre des actions.**
Numérotez de 1 à 5.

a. Il a changé de vêtements. ....

b. Il a répondu au téléphone. ....

c. Une voiture est arrivée très vite. ....

d. Il a retrouvé son amie Marine. ....

e. Il est remonté prendre son parapluie. ....

12 **Soulignez ce que vous entendez.**

Entendre ce qui est dit

1. Ça fait déjà trois quarts d'heure. / Ça fait trois quarts d'heure.

2. Ce n'est pas ma faute. / Ce n'est vraiment pas ma faute.

3. Le téléphone sonne. / Le téléphone a sonné.

4. Donc, j'étais dans la rue. / J'étais donc dans la rue.

5. J'étais au feu. / J'attendais au feu.

6. J'ai dû retourner une deuxième fois chez moi. / J'ai dû rentrer une deuxième fois chez moi.

➤ SITUATION 5 🖂

13 **Vrai, faux, on ne sait pas ? Cochez.**

Comprendre ce qui est dit

	Vrai	Faux	On ne sait pas
1. Le monsieur est l'employeur de la jeune fille.	❏	❏	❏
2. La jeune fille a partagé un appartement avec une Anglaise.	❏	❏	❏
3. Elle a appris l'italien.	❏	❏	❏
4. Elle est débutante en informatique.	❏	❏	❏
5. Elle a travaillé en Amérique latine sans être payée.	❏	❏	❏
6. Elle a vendu des jouets en Amérique latine.	❏	❏	❏
7. Elle parle trois langues étrangères.	❏	❏	❏
8. Elle a un emploi en ce moment.	❏	❏	❏

14 **Associez.**

a. Elle a amélioré ses compétences en informatique.

b. Elle a été vendeuse.

1. En Angleterre   c. Elle a étudié la langue.

2. En France   d. Elle a fait un chantier de reconstruction.

3. En Italie   e. Elle a travaillé dans un hôtel.

4. En Amérique latine   f. Elle est restée six mois dans une école.

g. Elle est restée neuf mois.

h. Elle s'est occupée de touristes.

1	2	3	4

15 **Soulignez ce que vous entendez.**

Entendre ce qui est dit

1. Je suis restée moins longtemps que prévu. / Je suis restée plus longtemps que prévu.

2. J'accompagnais des groupes de touristes. / J'ai accompagné des groupes de touristes.

3. Vous l'avez indiqué ? / Vous ne l'avez pas indiqué ?

4. Je suis repartie en Amérique latine. / Je suis partie en Amérique latine.

5. Vous avez un parcours intéressant. / Vous avez eu un parcours intéressant.

6. Je pense que vous n'y voyez pas d'inconvénient ? /

Je pense que vous n'y verrez pas d'inconvénient ?

B PRONONCIATION

➤ **RYTHME** 🎧

Les enchaînements vocaliques

On ne s'interrompt pas entre les voyelles prononcées de deux mots qui se suivent. On enchaîne la voyelle finale du premier mot et la voyelle initiale du deuxième mot.	J'ai un mal de dos épouvantable. [ʒɛœ̃maldədoepuvɑ̃tabl] La population est de 150 habitants environ. [lapopylatjɔ̃ɛdəsɑ̃sɛ̃kɑ̃tabitɑ̃ɑ̃virɔ̃]

16 Écoutez, indiquez les enchaînements vocaliques et lisez à voix haute.

1. Voici auparavant une chanson.
2. J'ai voulu aider mon fils à porter un carton.
3. Ma femme m'a acheté des calmants et une bande.
4. Marie-Jeanne, qui a quatre-vingt-seize ans, est invitée à la radio.
5. Elle s'est mariée à l'âge de dix-huit ans et a eu six enfants.
6. J'ai habité au Chili et en Angleterre.

17 Combien d'enchaînements vocaliques entendez-vous ?

1. À un moment, j'ai aperçu un arbre. ....
2. J'ai attendu comme ça un bon moment. ....
3. Il fallait aller à la ville voisine. ....
4. J'ai vécu à Londres et à Amsterdam. ....
5. Ça a été une bonne expérience. ....
6. Ça m'a appris également à me connaître. ....

➤ **INTONATION** 🎧

Questionner, s'étonner

Une phrase exclamative peut exprimer l'étonnement, la surprise. La dernière syllabe de la phrase est marquée par un accent montant.	(très aigu)
	aigu
	moyen
	grave
	Tu es au courant ! *(étonnement)*
Dans une phrase interrogative, la voix monte moins haut que dans une phrase exclamative.	aigu
	moyen
	grave
	Tu es au courant ? *(question)*

18 Écoutez et lisez à voix haute.

1. Vous n'avez pas pu vous relever !
2. Il a pu rentrer chez lui ?
3. Elle a eu six enfants !
4. La population est de 150 habitants seulement !
5. Elle a trouvé la porte d'entrée entrouverte ?
6. Tu es remonté chez toi encore une fois !
7. Elle a aidé une organisation internationale ?
8. Ça lui a appris quelque chose ?

19 Écoutez et cochez.

	Question	Étonnement		Question	Étonnement
1.	❏	❏	6.	❏	❏
2.	❏	❏	7.	❏	❏
3.	❏	❏	8.	❏	❏
4.	❏	❏	9.	❏	❏
5.	❏	❏	10.	❏	❏

C **EXPRESSION**

20 Associez les questions et les réponses.

Demander des précisions, expliquer, justifier

1. Qu'est-ce qui s'est passé exactement ?
2. Et personne n'a rien dit ?
3. Comment était-il habillé ?
4. Pourquoi est-ce que vous n'avez pas réagi ?
5. Mais qui est-ce qui vous a reçu ?
6. Où est-ce que vous vous trouviez précisément ?
7. À quel moment c'est arrivé ?

a. Non, et pourtant, nous étions plusieurs.
b. Juste quand je partais.
c. J'étais juste devant la pharmacie.
d. Il faisait trop sombre, je n'ai pas pu le voir.
e. Un employé, c'est sûr, mais j'ai oublié son nom.
f. Je regardais ailleurs à ce moment-là, je n'ai rien vu.
g. Parce que j'avais peur.

1	2	3	4	5	6	7

21 Associez les contraires.

1. À la naissance de.
2. L'année dernière.
3. Hier matin.
4. Juste après.
5. À votre retour.
6. À l'arrivée.

a. Juste avant.
b. Au départ.
c. À votre arrivée.
d. Demain soir.
e. À la mort de.
f. L'an prochain.

1	2	3	4	5	6

22 Associez les équivalents.

1. Dans les années 50.
2. En ce moment.
3. D'abord.
4. À l'âge de quinze ans.
5. Pendant.
6. Enfin.

a. Quand j'avais quinze ans.
b. Pour finir.
c. Durant.
d. À présent.
e. Entre 1950 et 1960.
f. Pour commencer.

1	2	3	4	5	6

23 Cochez l'équivalent correct.

1. Vous avez passé deux ans en Angleterre.
   a. Vous êtes resté deux ans en Angleterre. ❑
   b. Vous êtes passé par l'Angleterre. ❑

2. Qu'est-ce qui s'est passé ?
   a. Qui est-ce qui est passé ? ❑
   b. Qu'est-ce qui s'est produit ? ❑

3. Qu'est-ce qui vous est arrivé ?
   a. Vous êtes arrivé avec qui ? ❑
   b. Vous êtes arrivé quand ? ❑

4. J'en ai profité pour partir en vacances.
   a. J'ai bien profité de mes vacances. ❑
   b. J'ai saisi l'occasion pour partir en vacances. ❑

Raconter une histoire personnelle

➤ **FICHE OUTILS**

Créez votre propre fiche avec les expressions qui vous sont utiles.

Raconter	......
Demander des précisions	......
Expliquer, justifier	......

Pour les jeux de rôle suivants, aidez-vous de votre fiche outils ou des propositions page 123.

24 **Jouez la situation.**

Raconter, demander des précisions

Vous allez voir votre médecin : vous vous êtes blessé(e) en faisant du sport.

Vous lui expliquez précisément ce qui s'est passé.

25 **Jouez la situation.**

Raconter, expliquer

Vous habitez le même quartier depuis longtemps et vous racontez

les différents changements qui y sont intervenus (les constructions, les commerces,

les transports, les habitants…).

26 **Jouez la situation.**

Raconter, demander des précisions

Vous vous êtes fait voler votre sac dans la rue.

Une autre personne s'est fait renverser par le pickpocket et est blessée.

Vous allez tous les deux au commissariat. Vous racontez la scène à un policier.

Il vous demande de nombreuses précisions.

27 **Jouez la situation.**

Raconter

Vous passez un entretien d'embauche pour un poste de juriste

dans une société franco-allemande. Aidez-vous du CV ci-dessous.

Études de droit :	université de Strasbourg
Stages :	– notaire (Strasbourg) – cabinet d'avocats (Vienne, Autriche)
Séjours à l'étranger :	– Zurich : six mois – Berlin : un an

28 **Parlez de vous.** _____

Raconter,
expliquer

Vous présentez et expliquez votre parcours personnel (vos études, votre formation, vos expériences...).

29 **Parlez de vous.** _____

Raconter

Vous racontez une grande joie, une grande peur, un rêve bizarre, une première expérience...

8 PARLER DE CE QUI VA SE PASSER

➤ Annoncer un programme ➤ Faire des prévisions ➤ Donner des consignes

A COMPRÉHENSION

Pour chaque situation, déterminez le cadre de la communication à l'aide du questionnaire, page 119.

➤ **SITUATION 1** 📼

1 Cochez les réponses correctes.

Comprendre ce qui est dit

La femme parle :

1.	d'un dossier ❑	4.	de clés	❑
2.	d'ouvriers ❑	5.	d'une réunion	❑
3.	d'une voiture ❑	6.	d'un dîner	❑

2 Vrai, faux, on ne sait pas ? Cochez.

	Vrai	Faux	On ne sait pas
1. La femme demande un service à Aude.	❑	❑	❑
2. Il manque un dossier à la femme.	❑	❑	❑
3. Delphine est la sœur d'Aude.	❑	❑	❑
4. Les ouvriers doivent attendre la femme pour entrer chez elle.	❑	❑	❑
5. Aude est très occupée cet après-midi.	❑	❑	❑
6. La femme va chez Mme Bardinet jeudi.	❑	❑	❑
7. Toute la famille va chez Delphine ce soir.	❑	❑	❑
8. Aude est lycéenne.	❑	❑	❑

3 Soulignez ce que vous entendez.

Entendre ce qui est dit

1. Merci de nous laisser un message. / Merci de nous laisser votre message.
2. Des choses à te demander ! / Trois choses à te demander !
3. Sois gentille de l'apporter. / Sois gentille de me l'apporter.
4. Tu le verras sur mon bureau. / Tu le trouveras sur mon bureau.
5. Va voir, s'il te plaît, Mme Bardinet. / Va, s'il te plaît, chez Mme Bardinet.
6. Dis-lui que c'est d'accord pour la réunion. / Dis-lui que je suis d'accord pour la réunion.

4 **Dans quel ordre entendez-vous ces phrases ?**
Numérotez de 1 à 6.

a. Rappelle-leur…   ....

b. Va voir…   ....

c. Ne dérange pas tout !   ....

d. Sois gentille…   ....

e. N'oublie pas…   ....

f. Ne t'inquiète pas…   ....

➤ SITUATION 2 🖭

5 **Vrai, faux, on ne sait pas ? Cochez.**

Comprendre ce qui est dit

	Vrai	Faux	On ne sait pas
1. Anita avait rendez-vous avec la femme.	❏	❏	❏
2. Anita est anglaise.	❏	❏	❏
3. Anita doit laisser Bérénice faire ce qu'elle veut.	❏	❏	❏
4. Bérénice dort après le déjeuner.	❏	❏	❏
5. Anita fera ce qu'elle voudra l'après-midi.	❏	❏	❏
6. La femme travaille le week-end.	❏	❏	❏
7. Anita pourra faire venir des copains.	❏	❏	❏
8. Le mari de la femme est à l'étranger.	❏	❏	❏

6 **Cochez ce que vous entendez ou corrigez.**

Entendre ce qui est dit

1. Je veux vous présenter notre fille. ❏ ....

2. Je vous demande de lui parler seulement anglais. ❏ ....

3. Votre travail sera d'occuper Bérénice. ❏ ....

4. Vous serez libre tous les jours. ❏ ....

5. Vous travaillerez deux week-ends sur trois. ❏ ....

7 **Dans quel ordre entendez-vous ces phrases.**
Numérotez de 1 à 5.

a. Il faudra que vous la fassiez déjeuner.   ....

b. Vous l'emmènerez au jardin.   ....

c. Elle jouera un peu avec vous.   ....

d. Je serai là vers 17 heures.   ....

e. Elle fait la sieste au moins deux heures.   ....

Parler de ce qui va se passer

➤ **SITUATION 3**

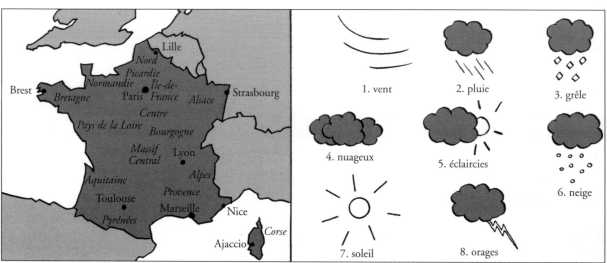

8 Écrivez le nom de chaque région mentionnée et le numéro du/des dessin(s) correspondant au temps prévu.

Comprendre ce qui est dit

	Régions		Temps prévu
a.	....		....
b.	....		....
c.	....		....
d.	....		....
e.	....		....
f.	....		....

9 Quelles sont les températures mentionnées ? Complétez.

	Villes		Températures
1.	....		....
2.	....		....
3.	....		....

10 Soulignez ce que vous entendez.

Entendre ce qui est dit

1. Vous annoncez quel temps ? / Vous nous annoncez quel temps ?
2. Les averses s'accompagneront d'orages. / Les averses seront accompagnées d'orages.
3. Les nuages seront nombreux. / Les nuages resteront nombreux.
4. Les nuages disparaîtront en cours de matinée. / Les nuages disparaîtront dans la matinée.
5. Quant aux températures, elles iront de 10 °C… / Quant aux températures, elles seront de 10 °C…
6. Attention au brouillard qui est encore épais. / Attention au brouillard qui est très épais.

➤ SITUATION 4 🖭

11 Vrai, faux, on ne sait pas ? Cochez.

Comprendre ce qui est dit

		Vrai	Faux	On ne sait pas
1.	M. Lagrange est passé à l'agence.	❏	❏	❏
2.	Il a choisi une excursion.	❏	❏	❏
3.	Il a organisé le programme.	❏	❏	❏
4.	L'excursion dure deux jours.	❏	❏	❏
5.	M. Lagrange sera accompagné de neuf personnes.	❏	❏	❏
6.	Le voyage se fera en train.	❏	❏	❏
7.	La visite du musée de la Préhistoire est prévue.	❏	❏	❏
8.	M. Lagrange connaît déjà Sarlat.	❏	❏	❏

12 Associez.

1. Le départ aura lieu
2. Le voyage prendra
3. La visite de la vieille ville durera
4. Le repas durera
5. Le site préhistorique sera visité
6. Ils iront aux grottes de Lascaux
7. Le retour est prévu

a. deux heures.
b. à 5 heures du matin.
c. en fin d'après-midi.
d. trois heures.
e. vers 21 heures.
f. après le restaurant.
g. toute la matinée.

1	2	3	4	5	6	7

13 Soulignez ce que vous entendez.

Entendre ce qui est dit

1. Je vous appelle pour vous donner le programme. /
   Je vous appelle pour vous préciser le programme.
2. Vous devez tous être devant la mairie à cinq heures. /
   Vous devez être devant la mairie à cinq heures.
3. L'autocar vous y attendra. / L'autocar vous attendra.
4. Oui, mais il faut trois heures. / Oui, mais il faut bien trois heures.
5. Vous pourrez goûter les spécialités régionales. / Vous goûterez les spécialités régionales.
6. Vous y serez en fin d'après-midi. / Vous y arriverez en fin d'après-midi.

Parler de ce qui va se passer

➤ SITUATION 5 🔲

14 Vrai, faux, on ne sait pas ? Cochez.

Comprendre ce qui est dit

	Vrai	Faux	On ne sait pas
1. M. Duponsay s'occupe des finances.	❑	❑	❑
2. Finorama est en difficulté.	❑	❑	❑
3. M. Duponsay explique l'évolution pour l'an prochain.	❑	❑	❑
4. M. Duponsay est allé au Portugal.	❑	❑	❑
5. Finorama produit du matériel électronique.	❑	❑	❑
6. Finorama installera d'autres usines en Europe seulement.	❑	❑	❑
7. Les sites en France devront fermer.	❑	❑	❑
8. Les actionnaires ont des questions à poser.	❑	❑	❑

15 Cochez les réponses correctes.

M. Duponsay parle :
1. des bons résultats ❑
2. du chiffre d'affaires ❑
3. d'un développement régulier ❑
4. de projets incertains ❑
5. de la recherche de nouveaux marchés ❑

16 Dans quel ordre entendez-vous ces phrases ? Numérotez de 1 à 5.

Entendre ce qui est dit

a. Nous ouvrirons quatre nouvelles unités de production. ....
b. Nous aurons un chiffre d'affaires de 2 millions d'euros. ....
c. Le bilan de notre groupe sera globalement positif. ....
d. Toutes nos usines en France resteront bien sûr en activité. ....
e. Nous continuerons à prospecter le marché chinois. ....

17 Cochez ce que vous entendez ou corrigez.

1. Pour les prochaines années. ❑ ....
2. Cette année. ❑ ....
3. En novembre prochain. ❑ ....
4. Par rapport à l'an dernier. ❑ ....
5. Pour les années à venir. ❑ ....
6. D'ici cinq ans. ❑ ....

B PRONONCIATION

➤ RYTHME

L'énumération

Dans une énumération, la dernière syllabe de chaque groupe de mots est marquée par une accentuation suivie d'une légère pause.	aigu moyen grave Il est sur mon bureau, à droite, sous le cahier rouge.

18 Écoutez et lisez à voix haute.

1. Dans le Nord, la Picardie, l'Île-de-France, il y aura des pluies et des averses.

2. Le dossier, c'est le rouge, sur la pile de gauche, derrière le téléphone.

3. Vous l'emmènerez au jardin, vous la ferez déjeuner et vous lui ferez faire une sieste.

4. Les températures seront de 10 °C à Brest, Lille, Lyon et Strasbourg.

5. Vous visiterez Sarlat, vous déjeunerez et, l'après-midi, vous serez libre.

6. La vieille ville de Sarlat, un déjeuner au restaurant, les grottes de Lascaux, voilà une journée bien remplie !

7. Nous ouvrirons quatre unités : une en Hongrie, une au Portugal et deux en Asie.

8. La progression, le développement, le bilan de nos activités sont excellents.

➤ INTONATION

Ordonner, demander poliment

Dans une phrase impérative qui donne un ordre, le ton de la voix descend du plus aigu au plus grave.	aigu moyen grave Donnez-lui ce livre !
Dans une phrase impérative qui formule une demande polie, l'intonation est la même que pour une phrase déclarative.	aigu moyen grave Préviens-moi si tu as un empêchement.
On peut aussi formuler une demande polie par une phrase interrogative.	aigu moyen grave Tu pourras me l'apporter ?

Parler de ce qui va se passer

19 Écoutez et lisez à voix haute.

1. Ne lui cédez absolument rien.
2. Parlez-lui seulement anglais.
3. Et surtout, n'oublie pas les clés.
4. Soyez bien tous à l'heure.
5. Vous devez absolument nous prévenir en cas de retard.
6. Pourrez-vous lui rappeler de me remettre ce dossier avant demain ?
7. Vous rapporterez le dossier demain soir sans faute.
8. Il faut à tout prix que tu ailles voir Mme Bardinet.

20 Écoutez et cochez ce qui est exprimé.

	Ordre	Demande polie
1.	❏	❏
2.	❏	❏
3.	❏	❏
4.	❏	❏
5.	❏	❏
6.	❏	❏
7.	❏	❏
8.	❏	❏

EXPRESSION

21 Ces phrases servent-elles à donner une consigne, annoncer un programme ou faire une prévision ? Cochez.

> Donner des consignes, annoncer un programme/faire des prévisions

		Consigne	Programme/prévision
1.	Le ciel sera très nuageux.	❏	❏
2.	Sois gentille de me l'apporter.	❏	❏
3.	Vous y serez en fin d'après-midi.	❏	❏
4.	Vous ne lui parlerez pas en français.	❏	❏
5.	Vous serez libre tous les jours à 17 heures.	❏	❏
6.	Pense à bien fermer à clé.	❏	❏
7.	Essayez d'arriver à l'heure !	❏	❏
8.	Toutes nos usines resteront en activité.	❏	❏

22 **Mettez dans l'ordre. Puis réécrivez les phrases en ajoutant les indicateurs de temps.**

Annoncer un programme

Un week-end à Nice

a.   Nous assisterons à un spectacle de danses folkloriques.   ....

b.   Notre accompagnateur nous emmènera à l'hôtel.   ....

c.   Nous arriverons à Nice.   ....

d.   Nous nous retrouverons à l'aéroport de Paris-Orly.   ....

e.   Nous quitterons Nice pour découvrir la Côte d'Azur.   ....

f.   Nous visiterons la vieille ville et le bord de mer.   ....

g.   Nous reprendrons l'avion pour Paris.   ....

à notre arrivée à Nice – le soir – dimanche dans la soirée – le samedi dans la journée –
le lendemain – samedi 17 septembre à 8 heures – environ deux heures plus tard

1.   ....
....

2.   ....
....

3.   ....
....

4.   ....
....

5.   ....
....

6.   ....
....

7.   ....
....

23 **Numérotez de 1 à 5, du plus autoritaire au moins autoritaire.**

Donner des consignes

a.   Sois gentille de m'apporter mon dossier.   ....

b.   Peux-tu m'apporter mon dossier ?   ....

c.   Pourrais-tu penser à m'apporter mon dossier ?   ....

d.   Apporte-moi mon dossier.   ....

e.   N'oublie pas de m'apporter mon dossier.   ....

Parler de ce qui va se passer

> ➤ **FICHE OUTILS**
>
> **Créez votre propre fiche avec les expressions qui vous sont utiles.**
>
> | Annoncer un programme, faire des prévisions | .... |
> |---|---|
> | Donner des consignes | .... |

Pour les jeux de rôle suivants, aidez-vous de votre fiche outils ou des propositions page 123.

24 Jouez la situation.

> Donner des consignes

Vous laissez un message sur le répondeur de votre secrétaire.

Oui, Yvonne, bonjour, aujourd'hui, j'arriverai un peu plus tard…

Continuez le message en prenant en compte les éléments suivants :

• Finir de taper le rapport Valéat (le dossier est dans mon bureau, troisième tiroir de gauche, dans une chemise verte).

• Réserver un billet d'avion pour Hambourg pour le 25 août tôt le matin (vol Air France exigé).

• Rappeler à Hervé qu'il doit impérativement réserver la salle de réunion pour vendredi 10 heures.

25 Jouez la situation.

> Donner des consignes

Vous avez engagé un jeune homme qui devra s'occuper de votre animal domestique pendant vos congés d'été. Vous lui donnez des consignes précises pour que tout aille bien.

26 Jouez la situation.

> Faire des prévisions

Vous êtes présentateur de la météo et vous présentez un bulletin météo pour la saison de votre choix. Vous pouvez choisir une région de France en vous aidant de la carte ou choisir votre pays/région.

27 Jouez la situation.

Annoncer un programme, donner des consignes

Vous êtes un(e) spécialiste de musique africaine/de peinture à l'huile/de golf et vous avez organisé un stage d'une semaine. Vous présentez votre programme aux participants. Vous leur donnez quelques consignes pour le bon déroulement du stage.

28 Jouez la situation.

Annoncer un programme

Vous avez réservé un séjour d'une semaine dans un club de vacances.
Vous avez encore des questions à poser. Vous retournez ou vous téléphonez à l'agence de voyages. La personne vous donne les dernières informations concernant le programme du séjour.

29 Jouez la situation.

Faire des prévisions

Vous organisez un week-end avec trois bons amis dans une région que vous connaissez bien. Ensemble, vous discutez de ce que vous allez faire. Vous avez chacun des goûts et des moyens financiers différents.

30 Jouez la situation.

Faire des prévisions

Choisissez une entreprise de votre pays et présentez en quelques minutes ses perspectives d'avenir.

CHAPITRE

DONNER DES CONSEILS

➤ Conseiller ➤ Suggérer ➤ Dissuader

A COMPRÉHENSION

Pour chaque situation, déterminez le cadre de la communication à l'aide du questionnaire, page 119.

➤ **SITUATION 1**

1 Répondez aux questions.

Comprendre ce qui est dit

1. Est-ce que Mme Lopez a déjà vu le médecin ? ....

2. Quels sont les problèmes de Mme Lopez ? ....
   ....

3. Quelle est la profession de Mme Lopez ? ....

4. Quand doit-elle retourner voir le médecin ? ....

2 Soulignez ce que vous entendez.

Entendre ce qui est dit

1. Alors, madame Lopez, vous allez un peu mieux ? / Alors, madame Lopez, vous allez mieux ?

2. Je ne supporte pas les médicaments. / Je ne supporte pas bien les médicaments.

3. Je me sens très fatiguée. / Je suis très fatiguée.

4. Je n'arrive pas à dormir. / Je n'arrive pas à m'endormir.

5. J'ai seulement besoin de me reposer. / J'ai seulement besoin de repos.

3 Cochez ce que vous entendez ou corrigez.

1. Pourquoi est-ce que vous ne partez pas un peu ? ❏ ....

2. Vous ne pourriez pas vous libérer ? ❏ ....

3. Mais je vous conseille de faire attention. ❏ ....

4. Il faut vraiment que vous vous reposiez quelque temps. ❏ ....

5. Je vous propose de continuer ce traitement. ❏ ....

6. Et revenez me voir d'ici un mois. ❏ ....

➤ **SITUATION 2**

4 **Vrai, faux, on ne sait pas ? Cochez.**

	Vrai	Faux	On ne sait pas
1. L'homme veut envoyer des livres et des photos.	❏	❏	❏
2. Il faut que le paquet arrive samedi.	❏	❏	❏
3. C'est pour l'anniversaire de sa fille.	❏	❏	❏
4. L'homme sait ce qu'est Chronopost.	❏	❏	❏
5. L'employé lui conseille le Colissimo.	❏	❏	❏
6. Le paquet va partir en recommandé.	❏	❏	❏

5 **Complétez le tableau.**

	AVANTAGE	INCONVÉNIENT	PRIX
1. Colis ordinaire	....	....	
2. Colissimo	....	....	....
3. Chronopost	....	....	....

6 **Associez.**

1. J'ai ce paquet	a. ça arrive après-demain.
2. Vous pouvez l'envoyer	b. le Colissimo.
3. Il faudrait que	c. à envoyer.
4. Vous êtes sûr	d. envoyer votre paquet en recommandé.
5. Il vaut mieux	e. par Colissimo.
6. Je vous conseille	f. d'avoir le paquet le jour même.

1	2	3	4	5	6

➤ **SITUATION 3**

7 **Vrai, faux, on ne sait pas ? Cochez.**

	Vrai	Faux	On ne sait pas
1. Les skieurs sont montés à pied.	❏	❏	❏
2. Ils se connaissent depuis une semaine.	❏	❏	❏
3. La piste noire est plus difficile que la rouge.	❏	❏	❏
4. Lucas et Arnaud ont le même niveau de ski.	❏	❏	❏
5. Lucas refuse de descendre une piste noire.	❏	❏	❏
6. Lucas n'a pas envie de commencer par une piste noire.	❏	❏	❏
7. Ils vont faire du slalom.	❏	❏	❏

8 Répondez aux questions.

1. Que propose le moniteur de ski, au début ? ....
2. Que veut Arnaud ? ....
3. Comment réagit Lucas ? ....
4. Qu'est-ce qui est décidé finalement ? ....

9 Associez. ────────────────── *Entendre ce qui est dit*

1. On ne pourrait pas
2. C'est mieux
3. Il vaut mieux
4. Ce qu'on devrait faire,
5. On ferait mieux de
6. Tu as intérêt

a. de commencer par quelque chose de pas trop difficile !
b. c'est préparer un slalom.
c. ne pas forcer au départ.
d. ne pas rester là à discuter.
e. à faire attention.
f. en faire une autre ?

1	2	3	4	5	6

➤ **SITUATION 4** 🖭

10 Vrai, faux, on ne sait pas ? Cochez. ─────── *Comprendre ce qui est dit*

	Vrai	Faux	On ne sait pas
1. Peu de jeunes ont appelé.	❏	❏	❏
2. Les auditeurs qui ont appelé veulent du travail pour l'été.	❏	❏	❏
3. Véronique va aller à la plage.	❏	❏	❏
4. Les jeunes ont encore beaucoup de temps devant eux.	❏	❏	❏
5. Il n'y a que trois possibilités pour trouver du travail.	❏	❏	❏
6. Il existe un site Internet pour les offres.	❏	❏	❏
7. Les jeunes sont sûrs de trouver grâce à Internet.	❏	❏	❏

11 De quels métiers parle-t-on ? Cochez.

1. ❏ moniteur
2. ❏ livreur
3. ❏ animateur
4. ❏ professeur
5. ❏ danseur
6. ❏ producteur
7. ❏ vendeur
8. ❏ baby-sitter
9. ❏ maître nageur

12 Écoutez et complétez.

1. Moi, ... voir du côté des plages.
2. Il .... comme moniteurs de planche à voile.
3. Chers jeunes auditeurs, ... dans une colonie de vacances.
4. Vous .... les contacter directement.
5. Mais, en fait, ... pour consulter toutes les offres,
    .... à un site Internet.

➤ **SITUATION 5** 📼

13 Répondez aux questions.

1. Quand Sandra va-t-elle faire son premier essai ? ....
2. Où cela va-t-il se passer ? ....
3. Que s'est-il passé dans les Alpes dernièrement ? ....
4. Avec qui Sandra va-t-elle sauter ? ....
5. Quel sport pratique Sandra habituellement ? ....
6. Quels sont les autres sports que Marie propose ? ....

14 Vrai, faux, on ne sait pas ? Cochez.

	Vrai	Faux	On ne sait pas
1. D'après Marie, le saut à l'élastique est un sport dangereux.	❑	❑	❑
2. Sandra a déjà sauté à l'élastique.	❑	❑	❑
3. Elle va sauter avec d'autres personnes dans un club.	❑	❑	❑
4. Sandra a appris dans le journal qu'il y avait eu un accident.	❑	❑	❑
5. Sandra aime les sensations fortes.	❑	❑	❑
6. Les parents de Sandra aiment le sport.	❑	❑	❑
7. Sandra va suivre les conseils de Marie.	❑	❑	❑

15 Dans quel ordre entendez-vous ces phrases ?
Numérotez de 1 à 6.

a. Tu connais les gens avec qui tu vas sauter ?   ....
b. Ce n'est pas la peine de les provoquer !   ....
c. Non, ce n'est pas un club.   ....
d. C'est une bande de copains.   ....
e. Les accidents, ça peut arriver tous les jours !   ....
f. C'est un club agréé, j'espère ?   ....

16 Soulignez ce que vous entendez.

1. Tu ne lis pas les journaux ? / Tu ne lis jamais les journaux ?
2. Tu as entendu parler de cet accident ? / Tu n'as pas entendu parler de cet accident ?
3. Tu es vraiment folle ! / Tu es complètement folle !
4. Pourquoi tu ne choisis pas plutôt du parachute ? / Pourquoi tu ne fais pas plutôt du parachute ?
5. Tu te rends compte du risque ? / Tu te rends compte des risques ?
6. Si on t'écoutait, on ne ferait rien, quoi ! / Si on t'écoutait, on ne ferait jamais rien, quoi !

B PRONONCIATION

➤ **RYTHME** 🔲

Les interjections

À l'oral, *là, quoi, hein, dis* ont un sens différent du sens habituel. Ils rythment la phrase et ajoutent une nuance au propos.	Qu'est-ce que tu racontes, là ? (*Là = maintenant, en ce moment.*) Je cherche un job pour me faire de l'argent de poche, quoi. (*Quoi = en réalité, en fait, en résumé.*) Tu viendras, hein ? (*Hein = promets-moi de venir.*) Tu en penses quoi de tout ça, dis ? (*Dis = je veux absolument avoir ton avis sur la question.*)

17 Écoutez et lisez à voix haute.

1. Je me sens très fatiguée et je dors mal, quoi.
2. Je crois seulement que j'ai besoin de repos, là.
3. Et qu'en pensent tes parents, dis ?
4. Mais tu ne te rends pas compte, là !
5. Tu vas tout nettoyer, hein ?
6. Tu as intérêt à faire attention, hein !
7. Si on t'écoutait, on ne ferait jamais rien, quoi !

➤ **INTONATION** 🔲

Suggérer, protester

Une phrase exclamative ou interrogative peut être employée pour exercer une influence sur le destinataire, suggérer quelque chose ou protester, par exemple.	Tu ne vas pas me dire que tu comptes l'aider ! (*Je ne pense pas que tu devrais.*) Tu vas accepter ce travail ? (*Je te suggère de refuser.*)

18 Entendez-vous une suggestion ? Cochez.

	Suggestion
1. Je ne supporte pas bien mes médicaments.	❑
2. Pourquoi est-ce que vous ne partez pas un peu ?	❑
3. Au début, c'est normal, ne vous inquiétez pas !	❑
4. Vous pourriez aussi travailler dans un café, je ne sais pas…	❑
5. Vous avez moins mal, quand même ?	❑
6. Il y aurait peut-être des possibilités comme animateur.	❑
7. Si, je t'assure !	❑
8. Mais enfin, ce n'est pas pareil !	❑
9. C'est vrai, il faudrait que vous vous reposiez quelque temps !	❑
10. Surtout, n'hésitez pas à prendre vos parapluies.	❑

19 Entendez-vous une protestation ? Cochez.

Protestation		Protestation	
1.	❑	5.	❑
2.	❑	6.	❑
3.	❑	7.	❑
4.	❑		

C EXPRESSION

20 Ces phrases expriment-elles un conseil ou une proposition ? Cochez.

Conseiller

	Conseil	Proposition
1. Si j'étais toi, je dirais la vérité !	❑	❑
2. Il faut vraiment que vous vous reposiez quelque temps.	❑	❑
3. Je vous propose de poursuivre ce traitement.	❑	❑
4. Revenez me voir d'ici un mois, si vous pouvez !	❑	❑
5. Je peux envoyer le paquet, si tu veux.	❑	❑
6. Moi, à votre place, j'irais voir !	❑	❑
7. Vous n'avez qu'à appeler Jean directement !	❑	❑
8. Et si on s'adressait à une agence pour l'emploi ?	❑	❑

Donner des conseils

21 **Associez.** _____ Dissuader

1. Ce n'est pas la peine
2. Tu es folle,
3. Vous avez intérêt à
4. Vous ne vous rendez pas compte,
5. Je vous déconseille

a. le hors-piste.
b. être prudents.
c. c'est dangereux !
d. tu n'as pas lu les journaux !
e. de provoquer des accidents.

1	2	3	4	5

22 **Associez.** _____ Conseiller, suggérer

1. Tu peux
2. Si j'étais toi
3. N'oublie pas
4. Invite
5. Tu devrais
6. Pourquoi

a. Marie si elle est libre.
b. inviter Marie si elle est libre.
c. n'invites-tu pas Marie si elle est libre ?
d. inviter Marie si elle est libre.
e. j'inviterais Marie si elle est libre.
f. d'inviter Marie si elle est libre.

1	2	3	4	5	6

➤ FICHE OUTILS

Créez votre propre fiche avec les expressions qui vous sont utiles.

Conseiller, suggérer	....
Dissuader	....

Pour les jeux de rôle suivants, aidez-vous de votre fiche outils ou des propositions page 124.

23 Jouez la situation.

Conseiller

Vous fumez, vous ne pratiquez aucun sport et vous avez des
problèmes respiratoires. Vous allez consulter le médecin. Vous lui
expliquez

> **Ivan Vujovic**
> **Généraliste**
> Consultations tous les jours
> sauf mardi matin et jeudi

24 Jouez la situation.

Conseiller

Un(e) de vos ami(e)s prépare sa valise pour partir en vacances. Il/Elle part dans les Alpes
pour Noël. / Il/Elle part dans le sud de la France, au printemps. / Il/Elle part en Bretagne pour l'été.
Il/Elle ne connaît pas bien le climat de la région. Vous lui en parlez et vous lui donnez des
conseils sur ce qu'il/elle doit emporter.

25 Jouez la situation.

Conseiller

Vous rencontrez quelqu'un qui aimerait venir vivre dans votre pays. Vous lui donnez
des conseils sur la région à choisir en fonction du climat, sur la manière d'aborder les gens
de votre pays.

26 Jouez la situation.

Dissuader

Un(e) de vos ami(e)s veut faire un sport à risques/adopter un gros chien/déménager
pour habiter à la campagne/arrêter ses études/faire de l'auto-stop, etc.
Vous essayez de l'en dissuader.

27 Jouez la situation.

Conseiller,
dissuader,
suggérer

Vous voulez emprunter une grosse somme d'argent à votre banque. Vous allez voir
votre conseiller financier. Vous écoutez ses conseils et ses suggestions.

28 Jouez la situation.

Conseiller

Que faire pour se faire des amis/perdre des kilos avant l'été/étudier gratuitement/devenir riche
et célèbre/paraître plus jeune/arrêter de fumer, etc. ?
Vous demandez au conseiller-psychologue de la radio. Il vous répond.

EXPRIMER UNE OPINION

Donner son avis ➤ Réagir à une opinion ➤ Argumenter

A COMPRÉHENSION

Pour chaque situation, déterminez le cadre de la communication à l'aide du questionnaire, page 119.

➤ SITUATION 1

1 Vrai, faux, on ne sait pas ? Cochez.

Comprendre ce qui est dit

	Vrai	Faux	On ne sait pas
1. Il fait beau depuis plusieurs jours.	❑	❑	❑
2. On a volé la voiture de M. Choukroun.	❑	❑	❑
3. Le jeune Perez a volé une voiture.	❑	❑	❑
4. M. Choukroun et Lisa discutent souvent ensemble.	❑	❑	❑
5. M. Choukroun veut téléphoner à la police.	❑	❑	❑
6. Lisa n'est pas d'accord avec M. Choukroun.	❑	❑	❑
7. Lisa propose une solution.	❑	❑	❑
8. M. Choukroun dit qu'il est gêné par les poubelles dans la rue.	❑	❑	❑

2 Soulignez ce que vous entendez.

Entendre ce qui est dit

1. Il y a vraiment longtemps qu'elle est là. / Ça fait vraiment longtemps qu'elle est là.
2. Elle est peut-être en panne. / Elle a peut-être eu une panne.
3. Je crois qu'il faudrait appeler le commissariat ! / Je crois que je vais appeler le commissariat !
4. Je veux dire que je n'ai pas envie… / C'est-à-dire que je n'ai pas envie…
5. On va lui demander ce qu'elle pense. / On va lui demander ce qu'elle en pense.

Exprimer une opinion

3 **Dans quel ordre entendez-vous ces phrases ?**
Numérotez de 1 à 5.

a. Vous pensez vraiment ?   ....

b. Vous exagérez !   ....

c. Vous croyez ?   ....

d. Qu'est-ce qu'on peut faire ?   ....

e. Vous expliquez ça comment ?   ....

➤ SITUATION 2

4 **Quelle est l'opinion des personnes ? Cochez.**

Comprendre ce qui est dit

	Pour	Contre	Ni pour ni contre
Personne 1	❏	❏	❏
Personne 2	❏	❏	❏
Personne 3	❏	❏	❏
Personne 4	❏	❏	❏
Personne 5	❏	❏	❏
Personne 6	❏	❏	❏
Personne 7	❏	❏	❏

5 **Cochez les réponses correctes.**

Les personnes parlent de :

1. produits solaires   ❏

2. beauté   ❏

3. plage   ❏

4. coups de soleil   ❏

5. séduction   ❏

6. parfum   ❏

7. maladie de la peau   ❏

8. danger   ❏

6 **Associez.**

Entendre ce qui est dit

1. Je trouve

2. On a l'impression

3. Pour moi, le bronzage,

4. Moi, je pense

5. Je crois que tout ça,

6. S'ils continuent,

7. Il faut

a. qu'on peut être raisonnable.

b. c'est qu'ils sont contents.

c. c'est de l'esclavage !

d. qu'on fasse attention.

e. qu'on est en forme.

f. que ça embellit.

g. c'est ridicule !

1	2	3	4	5	6	7

7 **Cochez ce que vous entendez ou corrigez.**

Entendre ce qui est dit

1. Que pensez-vous du bronzage ? ❑ ....
2. Je trouve ça joli. ❑ ....
3. Il faut passer des heures au soleil. ❑ ....
4. On n'est jamais obligé de s'exposer. ❑ ....
5. Il faut reconnaître qu'une personne bronzée… ❑ ....
6. … parce que c'est la mode de bronzer. ❑ ....
7. Non, vraiment, c'est idiot ! ❑ ....
8. Je n'ai pas d'opinion particulière. ❑ ....

➤ SITUATION 3

8 **Quels sont les arguments pour ou contre chaque objet ? Cochez.**

Comprendre ce qui est dit

	Dictionnaire livre	Dictionnaire électronique
1. Il est dépassé.	❑	❑
2. On y trouve la réponse plus vite.	❑	❑
3. Il va se développer dans l'avenir.	❑	❑
4. Il prend peu de place.	❑	❑
5. Il est moins pratique quand on voyage.	❑	❑
6. Il est plus complet pour les spécialistes.	❑	❑

9 **Qui dit quoi ? Associez.**

Entendre ce qui est dit

a. Je voyage beaucoup.

1. Carole
b. Je suis à la fois d'accord et pas d'accord.

2. Mara
c. On trouve la réponse beaucoup plus vite.

3. José
d. J'en ai essayé plusieurs.

e. C'est vrai que ce n'est pas toujours complet.

f. On trouve exactement les mêmes contenus.

1	2	3

Exprimer une opinion

10 Écoutez et complétez.

1. Moi, je suis .... le dictionnaire électronique.
2. C'est .... ce n'est pas toujours complet.
3. Je suis .... et pas d'accord avec Carole.
4. Je suis .... on ne trouvera plus que des dicos électroniques.
5. C'est .... ils ont le même contenu.
6. J'espère que .... aideront nos auditeurs.

➤ SITUATION 4 🔲

11 Répondez aux questions.

Comprendre ce qui est dit

1. Qu'est-ce que la mère veut donner ? ....
2. Qu'est-ce que la mère veut jeter ? ....
3. Quelles sont les deux raisons données ?
   a. ....
   b. ....
4. Pourquoi la jeune fille refuse-t-elle ? ....
5. Qu'est-ce que la jeune fille décide de faire à la fin ? ....

12 Vrai, faux, on ne sait pas ? Cochez.

	Vrai	Faux	On ne sait pas
1. La mère propose de l'aide à sa fille.	❏	❏	❏
2. Les vieux livres sont des souvenirs.	❏	❏	❏
3. La famille a de grands albums photos.	❏	❏	❏
4. Fabienne a lu tous les vieux livres.	❏	❏	❏
5. Ce sont les grands-parents qui ont acheté les livres.	❏	❏	❏
6. Fabienne a commencé une collection de cartes postales.	❏	❏	❏
7. Les livres ne sont pas très propres.	❏	❏	❏

13 Soulignez ce que vous entendez.

Entendre ce qui est dit

1. Oh, non, pas question ! / Oh, non, pas de question !
2. Tu ne les as pas lus ! / Tu ne les as même pas lus !
3. Je les lirai un jour ! / Je les lirai bien un jour !
4. Je les vends peut-être très cher ! / Je les vendrai peut-être très cher !
5. Ça m'étonnait ! / Ça m'étonnerait !
6. Laisse-moi le faire ! / Laisse-moi faire !

14 Dans quel ordre entendez-vous ces phrases ?
Numérotez de 1 à 6.

a.   Il y a toutes nos photos, les films… !   ....

b.   Ce sont des souvenirs, quoi !   ....

c.   Mais, enfin, maman, ce n'est pas pareil !   ....

d.   Mais, maman, je veux les garder.   ....

e.   Oh, écoute, des souvenirs, on en a d'autres.   ....

f.   Mais regarde toute la place que ça prend !   ....

➤ **SITUATION 5**

15 Vrai, faux, on ne sait pas ? Cochez.

Comprendre ce qui est dit

	Vrai	Faux	On ne sait pas
1. La chaîne a connu une grève des techniciens.	❑	❑	❑
2. La grève a duré 48 heures.	❑	❑	❑
3. Elle est maintenant terminée.	❑	❑	❑
4. Les discussions ne sont pas finies.	❑	❑	❑
5. Gilles Lesueur ne pense pas trouver d'accord.	❑	❑	❑
6. Le directeur va donner de l'argent au personnel.	❑	❑	❑

16 Cochez les réponses correctes.

La personne parle :

1.   des moments difficiles   ❑

2.   du droit de grève   ❑

3.   de l'avenir des employés   ❑

4.   des salaires   ❑

5.   de la perte de temps   ❑

6.   des horaires de travail   ❑

17 Cochez ce que vous entendez ou corrigez.

Entendre ce qui est dit

1. En ce qui concerne la grève… ❏ ....
2. … je suis heureux de vous annoncer… ❏ ....
3. Il est clair que toutes les questions… ❏ ....
4. Nous avons ce dossier délicat à traiter. ❏ ....
5. J'entends que chacun soit raisonnable. ❏ ....
6. C'est vrai que des décisions… ❏ ....
7. Pour ma part, je ne peux pas accepter… ❏ ....
8. Nous devons aller à l'essentiel. ❏ ....

B PRONONCIATION

➤ RYTHME 🔲

Les silences et les pauses

Dans la langue orale, les pauses donnent un sens à l'expression. Elles correspondent aux points et virgules de l'écrit. La place de la pause fait varier le sens.	– Comment allez-vous ? – Bien, merci, avec le soleil qui revient ! On va pouvoir profiter de nos jardins. – Bien, merci. Avec le soleil qui revient, on va pouvoir profiter de nos jardins.

18 Écoutez et lisez à voix haute.

1. Je me sens mieux dès que je suis un peu bronzée. Je suis plus gaie.
2. Je me sens mieux. Dès que je suis un peu bronzée, je suis plus gaie.
3. Si vous voulez. On peut se donner rendez-vous vers huit heures ?
4. Si vous voulez, on peut se donner rendez-vous. Vers huit heures ?
5. Je suis pour le dictionnaire électronique quand on voyage. C'est plus pratique.
6. Je suis pour le dictionnaire électronique. Quand on voyage, c'est plus pratique.

19 Écoutez et rétablissez la ponctuation.
(Mettez une majuscule, si nécessaire.)

1.   Je ne suis pas d'accord avec les grèves nous ne sommes plus libres

....

2.   Je ne suis pas d'accord avec les grèves nous ne sommes plus libres

....

3.   Nous allons être en vacances dans une semaine nous partons à la montagne

....

4.   Nous allons être en vacances dans une semaine nous partons à la montagne

....

5.   Il faut rester allongé des heures au soleil pour être tout rouge non merci

....

6.   Il faut rester allongé des heures au soleil pour être tout rouge non merci

....

➤ **INTONATION**

Argumenter

	aigu
Pour ajouter de la force à une phrase ou pour appuyer son argumentation, on peut préférer une phrase de tonalité interrogative ou exclamative, plutôt que déclarative, pour impliquer le destinataire.	moyen
	grave
	phrase neutre : Tu ne veux pas que notre rue devienne une poubelle.
	aigu
	moyen
	grave
	phrase expressive : Tu ne veux pas que notre rue devienne une poubelle ?!

20 Écoutez et cochez.

	Intonation expressive	Intonation neutre		Intonation expressive	Intonation neutre
1.	❏	❏	7.	❏	❏
2.	❏	❏	8.	❏	❏
3.	❏	❏	9.	❏	❏
4.	❏	❏	10.	❏	❏
5.	❏	❏	11.	❏	❏
6.	❏	❏	12.	❏	❏

➤ **RYTHME** 🖭

La langue familière (3)

21 Entendez-vous du français standard ou du français familier ?
Cochez.

	Français standard	Français familier			Français standard	Français familier
1.	❏	❏		8.	❏	❏
2.	❏	❏		9.	❏	❏
3.	❏	❏		10.	❏	❏
4.	❏	❏		11.	❏	❏
5.	❏	❏		12.	❏	❏
6.	❏	❏		13.	❏	❏
7.	❏	❏		14.	❏	❏

EXPRESSION

22 Associez les équivalents.

Réagir à une opinion

1. Qu'est-ce que vous pensez de… ?
2. Ça ne veut pas dire que…
3. Vous exagérez !
4. Vous expliquez ça comment ?
5. Vous pensez vraiment ?…
6. Ça me paraît quand même bizarre…

a. Vous êtes sûr ?…
b. Vous n'êtes pas juste !
c. Quelle est votre opinion sur… ?
d. Je trouve ça étrange…
e. Ça ne signifie pas que…
f. Vous justifiez ça comment ?

1	2	3	4	5	6

23 Cochez.

Donner son avis,
réagir à une
opinion

	On est du du même avis	On n'est pas du même avis	Ni l'un ni l'autre
1. Tu as tort.	❏	❏	❏
2. Je suis bien de votre avis.	❏	❏	❏
3. Absolument pas.	❏	❏	❏
4. Tout à fait.	❏	❏	❏
5. C'est la même chose.	❏	❏	❏
6. Il est vrai que…	❏	❏	❏
7. Je m'y oppose totalement.	❏	❏	❏
8. On ne peut pas dire ça !	❏	❏	❏
9. Vous avez parfaitement raison.	❏	❏	❏
10. Ça revient au même.	❏	❏	❏

24 Associez.

Argumenter

1. Si les employés reprennent le travail, on continue,
2. C'est un sport dangereux, c'est vrai,
3. C'est plus pratique, certes,
4. Vous maintenez votre décision
5. Tu dis que c'est un objectif trop ambitieux
6. Vous ne supportez pas le soleil
7. Moi, je suis pour : d'abord c'est commode,

a. pourtant vous restez des heures sur la plage.
b. mais c'est moins complet.
c. et puis, surtout, ce n'est pas cher.
d. sinon, on ferme.
e. mais je suis sûr que nous pourrons l'atteindre.
f. mais alors pourquoi y a-t-il autant de gens qui le pratiquent ?
g. même si tout le monde pense que vous vous trompez ?

1	2	3	4	5	6	7

➤ **FICHE OUTILS**

Créez votre propre fiche avec les expressions qui vous sont utiles.

Donner son avis	……
Réagir à une opinion — de manière positive	……
— de manière négative, argumenter	……
— de manière neutre	……
Argumenter	……

Pour les jeux de rôle suivants, aidez-vous de votre fiche outils ou des propositions page 124.

25 Jouez la situation. ———————————————— Donner son avis, réagir à une opinion

Votre voisin(e) vous parle des nouveaux locataires et de leurs enfants. Il/Elle les trouve bruyants et a l'intention de se plaindre : vous n'êtes pas d'accord.

26 Jouez la situation. ———————————————— Donner son avis, réagir à une opinion

Vous discutez avec des collègues de votre entreprise car il serait question d'imposer un uniforme au travail. Vous faites part de vos doutes et vous donnez votre opinion.

27 Jouez la situation. ———————————————— Donner son avis, réagir à une opinion

Alors que votre ami(e) critique toujours Internet, vous défendez ce moyen de communication.

VOUS	VOTRE AMI(E)
Informations en temps réel. Échanges internationaux. Facilité d'utilisation. Richesse et variété de la documentation.	Isolement. Pas de « vraie » vie. Coût. Dépendance.

28 Jouez la situation. ———————————————— Donner son avis, réagir à une opinion

Votre meilleur(e) ami(e) et vous parlez de la nouvelle interdiction de circuler en voiture dans votre quartier : vous discutez de cette décision, vous n'êtes pas d'accord.

29 Jouez la situation. ———————————————— Argumenter

Votre père veut vider le grenier de la maison de vos grands-parents. Il y a de vieux vêtements qui vous appartiennent et du matériel hi-fi que personne n'utilise plus.
Vous le dissuadez de le faire.

Exprimer une opinion

30 **Jouez la situation.** Argumenter

Vous recommandez à un(e) ami(e) d'aller consulter un(e) voyant(e).

Il/Elle n'est pas convaincu(e). Vous l'en persuadez.

31 **Que pensez-vous ?** Donner son avis

Dans la rue, un(e) journaliste vous demande votre opinion sur :

– la grève des conducteurs de métro pour la retraite à quarante-cinq ans ;

– une statue représentant un cube géant ;

– les vacances à l'étranger.

32 **Que pensez-vous ?** Donner son avis, réagir à une opinion

En groupe, vous choisissez différents thèmes de discussion. Chacun expose son opinion.

Vous en discutez.

– Sommes-nous dans une civilisation de loisirs ?

– L'argent rend-il heureux ?

– La politique a-t-elle de l'avenir ?

– La nouvelle économie électronique sera-t-elle incontournable à l'avenir ?

CHAPITRE 1
PRENDRE CONTACT

➤ **Situation 1 : Candidature**

LA SECRÉTAIRE. – Allô !

BRUNO. – Allô, oui, bonjour, pourrais-je parler à M. Perrault, s'il vous plaît ?

LA SECRÉTAIRE. – Oui, c'est de la part de qui ?

BRUNO. – Bruno Ferrand.

LA SECRÉTAIRE. – Ne quittez pas, je vous le passe.

…

ROLAND PERRAULT. – Allô ! Roland Perrault à l'appareil.

BRUNO. – Bonjour, monsieur. Je vous appelle de la part de Mme Briand.

ROLAND PERRAULT. – Ah, oui, je vois. Mme Briand m'a parlé de vous.

BRUNO. – Vous cherchez des jeunes pour de la figuration dans une publicité ?

ROLAND PERRAULT. – Oui, c'est ça, des jeunes gens, entre quinze-vingt ans, grands, yeux clairs, c'est important.

BRUNO. – J'ai dix-neuf ans, je fais 1,91 m et j'ai les yeux verts.

ROLAND PERRAULT. – Bien. Vous êtes libre le mois prochain ?

BRUNO. – À partir du 15, après mes examens.

ROLAND PERRAULT. – Parfait, donc vous pouvez venir le 17, pour la sélection ?

BRUNO. – Oui, pas de problème !

ROLAND PERRAULT. – Très bien, je vous repasse ma secrétaire. Elle va prendre vos coordonnées.

BRUNO. – Merci beaucoup, au revoir, monsieur.

…

LA SECRÉTAIRE. – Alors, vous me redonnez votre nom, s'il vous plaît ?

BRUNO. – Ferrand.

LA SECRÉTAIRE. – 2 r, a-n-t ?

BRUNO. – Non, 2 r, a-n-d. Bruno.

LA SECRÉTAIRE. – Ah, oui… Bon… et est-ce que vous avez une adresse électronique ou un numéro où on peut vous joindre ?

BRUNO. – Mon e-mail, c'est b.ferrand, tout en minuscules, arobase euronet.fr, et mon téléphone c'est le 01 43 71 26 30.

LA SECRÉTAIRE. – Bien, c'est noté. Donc c'est entendu pour le 17 juin, c'est à 10 heures précises.

BRUNO. – Très bien, merci. Au 17 alors !

LA SECRÉTAIRE. – Au revoir, monsieur.

BRUNO. – Au revoir, madame.

➤ **Situation 2 : Quoi de neuf ?**

LE CAISSIER. – Alors, 22,21 euros, s'il vous plaît.

MME DRISS. – Oui, voilà. Tiens, madame Jeanet, comment allez-vous ? Ça fait longtemps qu'on ne s'est pas vues !

MME JEANET. – C'est vrai, je ne suis pas beaucoup sortie ces dernières semaines, et puis j'ai eu une grosse grippe, et après une bronchite. Je ne suis pas encore complètement guérie, d'ailleurs. Je me sens encore bien fatiguée.

MME DRISS. – Ah bon ? ! Ah, la santé, vous savez !… Et autrement, vos enfants ?

MME JEANET. – Ils vont bien. Merci. Ils vont bien. Hervé prépare ses examens et Amélie a trouvé un poste qui lui plaît beaucoup : elle est assistante de direction trilingue dans un laboratoire pharmaceutique.

MME DRISS. – Oh ! mais c'est très bien, félicitations !

MME JEANET. – Merci. Et vous, madame Driss ?

MME DRISS. – Oh, rien de neuf. Si ! Mon mari vient de prendre sa retraite, alors on va pouvoir voyager un peu plus, je suis bien contente.

MME JEANET. – Écoutez, c'est bien, s'il ne s'ennuie pas !

MME DRISS. – Non, et puis on a le mariage de Clotilde à préparer, elle se marie le mois prochain, à Marseille.

MME JEANET. – Ah, c'est une nouvelle, ça ! Et elle va vivre là-bas ?

MME DRISS. – Oui, mon futur gendre est de la région, alors… et puis, vous savez, ils vont travailler tous les deux dans un cabinet d'architectes.

MME JEANET. – Écoutez, c'est bien !

MME DRISS. – Oui, on est très contents ! Allez, je me dépêche parce que je suis pressée. Meilleure santé à vous, et bon courage à Hervé pour ses examens !

MME JEANET. – Merci, c'est gentil. Au revoir, madame Driss, et tous mes vœux de bonheur aux futurs mariés !

► **Situation 3 : Rendez-vous de travail**

SERGE. – Ah, salut, Laurence, ça va ? Je crois qu'on est un peu en avance. Viens, on va s'asseoir là, près de la fenêtre, comme ça, on les verra arriver.

LAURENCE. – À quelle heure tu leur as dit ?

SERGE. – 6 heures, 6 heures et quart.

LAURENCE. – Ils vont arriver. Dis-moi, Serge, tu as bien apporté tous les documents ?

SERGE. – Oui, oui, oui, oui, pas de problème. J'ai même cherché sur Internet et j'ai plein de nouveaux trucs.

LAURENCE. – C'est génial ! Ah, tiens, voilà Nadia. Ponctuelle, comme toujours. Comment vas-tu ? Tu as trouvé facilement ?

NADIA. – Oui, je connaissais.

LAURENCE. – Nadia, je te présente Serge. Serge, Nadia.

SERGE. – Salut !

NADIA. – Salut !

SERGE. – Laurence m'a beaucoup parlé de toi. C'est toi qui parles quatre langues et…

LAURENCE. –… et qui fais d'excellents gâteaux !

NADIA. – Oui, pour les langues, c'est vrai, mais pour les gâteaux, je ne sais pas !

LAURENCE. – Bon, il est 6 heures et demie, Ben est en retard, comme d'habitude. Qu'est-ce qu'on fait ?

SERGE. – Tant pis, on va commencer à travailler sans lui parce que je dois partir au plus tard à 8 heures.

LAURENCE. – Tu as raison, c'est toujours la même chose avec lui… !

NADIA. – Oui, moi aussi, je suis assez pressée aujourd'hui.

LAURENCE. – Ah, le voilà ! Alors, Ben ? !

BEN. – Bonsoir, tout le monde ! Excusez-moi, je suis un peu en retard.

LAURENCE. – Eh oui, ça ne change pas ! Ben, c'est Nadia, elle va travailler avec nous sur le projet.

BEN. – Bonjour.

NADIA. – Bonsoir.

SERGE. – Bon, allez vite, on commande et on commence !

LAURENCE. – Mademoiselle, s'il vous plaît, on peut commander ?

► **Situation 4 : Animateur radio : un métier, une passion**

LE JOURNALISTE. – Max, bonsoir, vous êtes ani-mateur à RadioJeunes, responsable de la program-mation musicale. Vous êtes très connu du jeune public. Vous avez commencé il y a dix ans. Vous avez quel âge ?

MAX. – 30 ans.

LE JOURNALISTE. – Vous êtes à peine plus âgé que vos auditeurs, alors ?

MAX. – Oh, un peu plus, quand même, nos auditeurs sont en général des adolescents.

LE JOURNALISTE. – Et, est-ce que vous avez des contacts directs avec eux ?

MAX. – Oui, à partir de 22 heures, j'anime l'émission *Contacts* et, là, j'écoute les jeunes.

LE JOURNALISTE. – Et pourquoi vous appellent-ils ?

MAX. – Eh bien, il ont besoin de communiquer avec quelqu'un. Ils sont quelquefois assez timides, vous voyez, et ils préfèrent parler de façon anonyme. Alors, je les écoute, tout simplement.

LE JOURNALISTE. – Bon, alors, en fait, vous êtes quoi pour eux ? Un copain, un grand frère, un conseiller ?

MAX. – Un peu des trois. Je suis là s'ils ont besoin de moi. Nous avons un intérêt commun, la musique et ils me disent ce qu'ils aiment, ce qu'ils ont envie d'en-tendre et, parfois, la conversation va un peu plus loin.

LE JOURNALISTE. – Est-ce que vous sentez que vous avez une responsabilité vis-à-vis d'eux ?

MAX. – Évidemment. Je sais qu'ils ont confiance en moi. Je suis très attentif mais, vous savez, je suis avant tout un animateur radio ; mon travail, c'est de faire aimer la musique, de répondre aux désirs de nos jeunes auditeurs.

LE JOURNALISTE. – Alors, dites-moi, quelle est la qualité essentielle qu'il faut avoir pour faire ce que vous faites ?

MAX. – Je dirais… avant tout, être curieux, ne pas avoir peur de l'opinion des autres mais ne pas juger non plus. Rester très ouvert en somme.

LE JOURNALISTE. – Eh bien, Max, bravo pour ce que vous faites et merci d'avoir répondu à mes questions.

► **Situation 5 : Bienvenue au stage de sport-aventure**

Bonjour à tous et bienvenue à notre stage sport-aven-ture. Je m'appelle Marie-Hélène Solé, en général on m'appelle Mahé !
Le directeur du centre, M. Paul Escude, est absent ce matin, mais vous pourrez le rencontrer cet après-midi – son bureau est au premier étage.

Alors, ici, je suis directrice adjointe, chargée de la coordination. Je suis aussi responsable du planning, c'est-à-dire que c'est moi qui vais m'occuper de toutes les questions d'organisation, des emplois du temps pour les différentes activités que vous allez choisir.

Et, je suis, bien sûr, à votre disposition pour rendre votre séjour le plus agréable possible. Ah, oui ! Mon bureau est au rez-de-chaussée, n'hésitez pas à me poser vos questions si vous avez un problème.

Bon, je vais vous faire visiter nos locaux et vous présenter à la responsable des activités, Marie Périnet, dont le bureau est à côté du mien… Si vous voulez me suivre…

CHAPITRE 2
PARLER DE SES ACTIVITÉS ET DE SES GOÛTS

➤ **Situation 1 : Première semaine à la fac**

LA MÈRE. – Alors, Audrey, comment ça s'est passé, ta première semaine de fac ? Tu es contente ?

AUDREY. – Oui, mais c'est aussi bien d'être là, en week-end, et de vous voir ! Je retrouve mes habitudes, ma chambre, le jardin… c'est mieux que d'être seule dans ma petite chambre à Strasbourg !

LE PÈRE. – Ah, eh bien, tu vois, tu apprécies la maison !

LA MÈRE. – Alors, raconte-nous ta nouvelle vie d'étudiante !

AUDREY. – J'ai cours tous les jours à 9 heures, enfin sauf le jeudi où je commence à 2 heures. Je vais à la fac en tram – avec le bus, je mets trop de temps. Je pars vers 8 heures, 8 heures et quart. C'est direct, comme ça, je n'ai pas besoin de changer, je suis assise, je lis…

LE PÈRE. – Tu as beaucoup de cours ?

AUDREY. – Vingt heures en tout. Par petits groupes et seulement deux en amphi, heureusement, parce que je ne supporte pas, on est trop nombreux !

LE PÈRE. – Et les professeurs ?

AUDREY. – Ben, les profs, je ne les connais pas encore tous ! Celui de théâtre, il est drôle, on rit tout le temps, je l'aime bien !

LA MÈRE. – Et tu as déjà sympathisé avec d'autres étudiants ?

AUDREY. – Ben, c'est encore un peu tôt ! Enfin, il y a une fille qui a l'air sympa. On a bien envie de faire du volley ensemble, on va voir !

LA MÈRE. – Bon, allez, allez on passe à table.

➤ **Situation 2 : Alors, la province ?**

STÉPHANIE. – Allô !

SAMIRA. – Stéphanie ? Bonjour, c'est Samira.

STÉPHANIE. – Samira ! Ah, ça me fait plaisir ! Alors, qu'est-ce que tu deviens ?

SAMIRA. – Eh bien, ça fait presque trois mois que j'ai quitté Paris !

STÉPHANIE. – Mais le temps passe vite ! Alors, la province, qu'est-ce que tu en penses ?

SAMIRA. – Ça n'a rien à voir ! C'est beaucoup mieux qu'à Paris, les gens sont plus chaleureux, ils prennent le temps de vivre.

STÉPHANIE. – Oui ? Et ton nouveau travail ?

SAMIRA. – C'est super ! C'est une petite agence, onze employés au total, tout le monde est très sympa, on déjeune ensemble le midi, il y a vraiment une bonne ambiance. Il y a surtout deux collègues avec qui je m'entends bien, on se balade, on fait du sport, on va au bord de la mer…

STÉPHANIE. – Et tu habites où ?

SAMIRA. – Alors, là, j'ai eu la chance de trouver un appartement tout près. Le matin, je me lève à 8 heures, et plus de transports en commun, tu te rends compte ! Le soir, je peux faire un tas de choses, j'ai beaucoup plus de temps qu'avant !

STÉPHANIE. – Alors, si je comprends bien, Paris ne te manque pas ?

SAMIRA. – Non, pas du tout ! En plus, Nantes est une ville qui bouge beaucoup – musées, cinémas, concerts, théâtres… Il faut vraiment que tu viennes me voir ! Tu sais, on n'est qu'à trois heures de Paris en TGV !

STÉPHANIE. – Avec plaisir, d'accord ! Et au fait, ton nouveau numéro, c'est quoi ?

➤ **Situation 3 : Et pour vous, les vacances ?**

LE JOURNALISTE. – Bonjour à tous, et merci à Claire et Jonathan qui ont accepté de venir nous raconter comment ils organisent leurs vacances d'été. Claire ?

CLAIRE. – Pour moi, c'est très simple. Comme d'habitude, ce sera l'île de Ré.

LE JOURNALISTE. – Comme d'habitude ? Expliquez-nous un peu ça.

CLAIRE. – Eh bien, mes parents ont acheté une résidence secondaire là-bas il y a vingt ans, et, euh, on y retourne tous les étés au mois de juillet. Je retrouve une bande de copains, on se connaît depuis qu'on est tout petits, et chaque année, on est très heureux de se retrouver ensemble.

LE JOURNALISTE. – Et vous Jonathan ?

JONATHAN. – Pour moi, les vacances, c'est découvrir de nouveaux pays, d'autres façons de vivre. J'adore voyager, si possible à l'étranger. Mais je voudrais demander à Claire ce qu'elle fait depuis vingt ans, toujours au même endroit.

CLAIRE. – Oh, ce n'est pas très original ! On va à la plage, on bronze, on fait de la planche à voile, le soir on sort en boîte ou bien on organise des fêtes, ça dépend…

JONATHAN. – Mm… passionnant !

LE JOURNALISTE. – Jonathan, ça n'a pas l'air de vous plaire !

JONATHAN. – Oh ! non !… Moi, rester au même endroit, je déteste ! Ce qui m'intéresse, c'est faire des rencontres. J'ai besoin de voir des gens différents. Ce que j'aime surtout, c'est l'inconnu. Généralement, je voyage en train ou en car.

LE JOURNALISTE. – Ce qui est sûr, c'est que vous ne partirez pas ensemble ! Eh bien, une petite page de publicité et on retrouve Claire et Jonathan pour poursuivre cette discussion.

➤ **Situation 4 : La planche à voile, j'adore ça !**

LA JOURNALISTE. – Paul Richard, on vous connaît à travers tous vos reportages, mais en dehors de parcourir le monde, vous avez une autre passion ?

PAUL RICHARD. – Oui, oui, oui, comme vous le savez, je suis très intéressé par tout ce qui concerne la mer. Ma passion, c'est la planche à voile, j'adore ça ! J'ai commencé à onze ans et j'en fais le plus souvent possible, surtout sur la côte Atlantique où, là, on peut dire que les conditions sont vraiment excellentes. Ce que j'aime, moi, c'est glisser sur l'eau à grande vitesse et aussi faire des figures acrobatiques. L'idéal, c'est un vent fort et de belles vagues. Et puis, dans ce sport, il y a autre chose qui me plaît également, c'est la sensation de liberté et la possibilité de découvrir des endroits inconnus. Vous voyez, on a un matériel relativement léger et, avec ça, vous comprenez, on peut s'approcher très facilement de sites magnifiques. Non, franchement, c'est vraiment fabuleux !

➤ **Situation 5 : Quelle crème préférez-vous ?**

L'ENQUÊTRICE. – Madame, vous pouvez m'accorder deux minutes, s'il vous plaît ? C'est pour tester ces crèmes au chocolat.

UNE MÈRE DE FAMILLE. – Moi ? Écoutez, je suis assez pressée… Bon, je veux bien goûter… mmm… la première n'est pas mal… et j'aime bien l'autre aussi, ah, c'est difficile de dire laquelle est la meilleure !…

L'ENQUÊTRICE. – Et toi ?

SON PETIT GARÇON. – Mmm, c'est bon, mais j'aime mieux celle de ma maman.

L'ENQUÊTRICE. – Merci, et vous, madame… vous goûtez ?

UNE AUTRE CLIENTE. – Ça ne m'intéresse pas, merci.

L'ENQUÊTRICE. – Je n'insiste pas… et vous, monsieur ?

UN MONSIEUR. – Ah, oui… je trouve que la première est bien meilleure, et je peux vous dire que je m'y connais parce que, le chocolat, moi, j'adore ça !

UNE AUTRE DAME. – Moi aussi, j'en consomme énormément… et je suis d'accord avec ce monsieur, je préfère la première.

L'ENQUÊTRICE. – Bon. Et vous, monsieur, s'il vous plaît, vous voulez bien goûter ?

UN AUTRE CLIENT. – Non merci, je n'aime pas tellement les desserts, et les crèmes, désolé, j'ai horreur de ça !

L'ENQUÊTRICE. – Ah !… Et vous, mademoiselle ?

UNE JEUNE FILLE. – D'accord… Mmm, j'aime beaucoup celle-ci, elle est délicieuse. C'est quelle marque ?

L'ENQUÊTRICE. – Je ne peux pas vous dire la marque, mais vous le saurez bientôt !

CHAPITRE 3
FAIRE DES PROJETS ET PRENDRE RENDEZ-VOUS

➤ **Situation 1 : Tu es libre samedi ?**

« *Ici Nathalie et Michel Duret, bonjour. En notre absence, n'hésitez pas à nous laisser un message, nous vous rappellerons, merci.* »

CÉCILE. – Salut, Nathalie. C'est Cécile. Je t'appelle parce que, samedi prochain, je compte aller à la Foire de Paris et je voulais savoir si tu étais libre pour venir avec moi. Rappelle-moi. Bisous.

…

CÉCILE. – Allô !

NATHALIE. – Cécile, c'est Nathalie.

CÉCILE. – Ah, Nathalie, tu vas bien ?

NATHALIE. – Oui, super. Dis-moi, tu veux aller à la Foire de Paris, c'est ça ?

CÉCILE. – Oui. Alors, tu veux venir ?

NATHALIE. – Malheureusement, non. Michel a reçu un coup de fil hier soir d'un cousin de province qui vient passer le week-end à Paris et donc il va dormir chez nous.

CÉCILE. – Ça ne t'empêche pas de venir avec moi, samedi !

NATHALIE. – Cécile, ça dépend de ce que nous allons faire avec le cousin ; il ne connaît pas du tout Paris et j'imagine qu'il a l'intention de visiter un maximum de choses. Je crois que notre programme pour le week-end est clair. Nous allons faire le guide ! Ça ne m'amuse pas tellement, Michel non plus d'ailleurs, mais on ne peut pas faire autrement.

CÉCILE. – Il a peut-être envie de visiter la Foire de Paris, ton cousin, il faut lui proposer.

NATHALIE. – Toi, alors, quand tu as une idée dans la tête ! Écoute, je vais lui en parler et on verra bien !

CÉCILE. – Bon, j'attends ton coup de fil, et sinon j'irai toute seule.

NATHALIE. – Comme tu veux, mais tu pourrais aussi venir avec nous, je suis sûre que tu découvrirais plein de choses.

CÉCILE. – Oui, peut-être. On verra. Allez, bisous et si je ne suis pas là, tu me laisses un message.

NATHALIE. – D'accord, je t'embrasse.

➤ Situation 2 : Qu'est-ce que vous faites cet été ?

« *Votre attention, s'il vous plaît ! Suite à un incident technique, le trafic est fortement perturbé sur la ligne 4, direction Porte d'Orléans. Nous demandons de bien vouloir patienter quelques instants.* »

VIRGINIE. – Encore ! Ça n'arrête pas, il y a toujours un problème !

ALAIN. – Arrête de râler, Virginie ! On n'est pas pressés, on va attendre un peu !

VIRGINIE. – Oh là là, vivement la fin de l'année ! J'ai hâte d'être au mois de juillet !

CLÉMENCE. – Ah oui, moi aussi !

ALAIN. – Et qu'est-ce que vous faites cet été ?

VIRGINIE. – Je compte bien trouver un job pour me faire un peu d'argent de poche.

CLÉMENCE. – Tu as envoyé des CV ?

VIRGINIE. – Oui, à plusieurs agences de voyages, puis à des banques aussi.

ALAIN. – Et tu n'as pas eu de réponse ?

VIRGINIE. – Non, et je me dis que, si je ne trouve rien, je serai vraiment embêtée. Je dois partir l'année prochaine faire un stage en Irlande et si je n'ai pas d'argent, je ne pourrai pas y aller. Et toi, Clémence, tu fais quoi ?

CLÉMENCE. – Eh bien, moi, j'ai de la chance ! Je suis invitée chez des amis en Turquie et, si je réussis mon bac, mes grands-parents m'offrent le voyage !

ALAIN. – Et moi, en août, j'ai bien envie de faire un stage de théâtre. Il faut que je me renseigne.

VIRGINIE. – Du théâtre ? C'est bien !

CLÉMENCE. – Je ne savais pas que tu aimais ça, Alain !

« *Votre attention, s'il vous plaît. Nous vous informons qu'en raison d'un incident technique, le trafic est totalement interrompu sur la ligne 4. Nous vous invitons à prendre les correspondances et nous vous remercions de votre compréhension.* »

VIRGINIE. – Bon, eh bien, on va rentrer à pied !

➤ Situation 3 : Alors, on se retrouve quand ?

SÉVERINE. – Ah bon, eh bien, tu vois, Majid, on l'a presque fini, cet exposé, finalement !

MAJID. – Oui, on a bien travaillé aujourd'hui ! Alors, on se retrouve quand ? Moi, je suis libre mercredi matin et vendredi matin jusqu'à midi. Et toi, Théo ?

THÉO. – Euh… moi, mercredi matin, j'ai plein de trucs à faire, mais vendredi matin, pas de problème. Et toi, Séverine ?

SÉVERINE. – Alors, attends, je regarde… Ah, non, vendredi matin, j'ai rendez-vous chez le dentiste.

THÉO. – Ah… Et tu ne peux pas le déplacer ?

SÉVERINE. – Non, ce n'est vraiment pas possible, je l'ai déjà reporté deux fois !

MAJID. – Écoutez, il n'y a pas de problème. Si ça vous arrange, moi, je peux peut-être me libérer jeudi après-midi, je dois passer à la banque mais je vais annuler mon rendez-vous. J'irai un autre jour. Jeudi, ça vous irait à tous les deux ?

THÉO. – Jeudi, oui, ben, pour moi, ça va !

SÉVERINE. – Jeudi ? Ah ben, c'est parfait ! Mais où ?

MAJID. – Impeccable ! On dit à la fac, à 14 heures ? Et puis s'il y a un contretemps, on s'appelle.

THÉO. – D'accord, ça marche. Bon, allez, j'y vais. À jeudi !

MAJID ET SÉVERINE. – Salut, à jeudi !

➤ Situation 4 : Changement de rendez-vous

STÉPHANE KELLER. – Allô ! Je suis bien au CIB ?

LA RÉCEPTIONNISTE. – Oui.

STÉPHANE KELLER. – Je voudrais parler à Mme Charrier, s'il vous plaît.

LA RÉCEPTIONNISTE. – Oui, vous êtes… ?

STÉPHANE KELLER. – Stéphane Keller.

LA RÉCEPTIONNISTE. – Ne quittez pas, je vous la passe.

…

MME CHARRIER. – Allô ! Bonjour, monsieur Keller.

STÉPHANE KELLER. – Bonjour, madame, je vous appelle, comme prévu, pour prendre rendez-vous.

MME CHARRIER. – Bien sûr. La semaine prochaine, vous êtes libre ?

STÉPHANE KELLER. – Oui, tous les jours sauf mercredi.

MME CHARRIER. – Bon, moi, je ne peux ni mardi ni vendredi. Bon… je vous propose lundi matin, à 9 heures 30.

STÉPHANE KELLER. – Je préférerais un peu plus tard, vers 11 heures, est-ce que c'est possible ?

MME CHARRIER. – 11 heures ? Très bien.

STÉPHANE KELLER. – Bien, merci. À lundi, alors.

MME CHARRIER. – Oui, à lundi matin.

…

STÉPHANE KELLER. – Allô ! Le CIB ?

LA RÉCEPTIONNISTE. – Oui.

STÉPHANE KELLER. – Excusez-moi, j'ai appelé ce matin, j'aimerais parler à nouveau à Mme Charrier, s'il vous plaît.

LA RÉCEPTIONNISTE. – Oui, c'est de la part de qui ?

STÉPHANE KELLER. – Stéphane Keller.

LA RÉCEPTIONNISTE. – Oui, monsieur Keller, vous patientez ? Elle est en ligne.

STÉPHANE KELLER. – Oui, oui, bien sûr.

…

MME CHARRIER. – Allô, monsieur Keller !

STÉPHANE KELLER. – Madame Charrier, je suis désolé de vous déranger, mais je dois reporter notre rendez-vous de lundi. J'ai un empêchement de dernière minute. Un problème familial.

MME CHARRIER. – Ce n'est pas trop grave, j'espère ?

STÉPHANE KELLER. – Non, non.

MME CHARRIER. – Ah, alors, jeudi après-midi, vous pouvez ?

STÉPHANE KELLER. – Ah oui, c'est parfait, oui.

MME CHARRIER. – Disons… 15 heures ?

STÉPHANE KELLER. – Très bien, je vous remercie. À jeudi, alors.

MME CHARRIER. – Oui, au revoir.

➤ Situation 5 : Pour une rue plus conviviale

Chers voisins, chers habitants de la rue des Lauriers, ben, pour ceux qui ne me connaissent pas, je me présente : je m'appelle Thierry Barceau et j'habite cette rue depuis quinze ans, je vous ai réunis ce soir, c'est pour vous annoncer que je viens de créer une association : Bienvenue, rue des Lauriers. Mon but est de développer la vie de quartier et j'ai aussi l'intention d'encourager le dialogue entre riverains, à la fois pour régler tous les petits problèmes de vie quotidienne mais aussi pour imaginer des projets qui améliorent notre cadre de vie. Un de mes rêves, par exemple, est de transformer cette rue en rue piétonne, d'en faire un jardin où tout le monde pourrait se retrouver et discuter ! Ce rêve peut devenir réalité si nous travaillons ensemble. J'ai besoin de vous pour appuyer cette initiative et faire des propositions précises à la mairie. Plus nous serons nombreux, plus nous aurons de chances ! Vous savez, l'avenir de notre rue est entre nos mains. Bon je vous laisse maintenant la parole.

CHAPITRE 4
DEMANDER SON CHEMIN ET DÉCRIRE UN LIEU

➤ Situation 1 : Vacances de rêve !

Partez avec nous pour des vacances de rêve !
Nous vous proposons dix jours en Crète, à un tarif exceptionnel ! Vol, séjour et pension complète, tout compris, pour moins de 300 € ! Vous logerez à l'hôtel Hélénis, situé en bord de mer, à 20 minutes de l'aéroport d'Héraklion. Les bungalows, dispersés au milieu de magnifiques jardins, présentent tout le confort d'un établissement 3 étoiles. Vous apprécierez la cuisine locale et le cadre exceptionnel du restaurant qui domine la baie. Comme si vous étiez sur un bateau !
Pour plus d'informations, consultez vite notre site voyageluxe.com !

➤ Situation 2 : Studio à louer

L'EMPLOYÉ. – Agence Lebrun, j'écoute.

LA CLIENTE. – Bonjour, monsieur. Je vous appelle à propos de l'annonce que vous avez mise dans *Paris Paname*.

L'EMPLOYÉ. – Ah, oui. Pour quel appartement ?

LA CLIENTE. – Le studio à louer. J'aimerais avoir quelques renseignements. Vous dites « bien agencé », mais il est comment exactement ?

L'EMPLOYÉ. – Alors voilà. En fait, il comprend une grande pièce, une vraie cuisine où vous pouvez mettre une table, des chaises, une salle de bains et les WC séparés.

LA CLIENTE. – Il est grand alors ?

L'EMPLOYÉ. – Ah, oui, oui, il fait un peu plus de 30 m².

LA CLIENTE. – Et il se trouve dans quel quartier ?

L'EMPLOYÉ. – Alors, il se trouve au métro Bastille. Il est très bien situé parce qu'il est dans un passage privé, donc ce n'est pas bruyant, vous voyez. Vous avez l'avantage d'être au calme dans un quartier animé.

LA CLIENTE. – Ah ! Oui, et il est à quel étage ?

L'EMPLOYÉ. – Au cinquième avec ascenseur, dans un immeuble ancien. En plus, c'est un studio très clair, il donne plein sud et vous avez la vue sur le port de la Bastille.

LA CLIENTE. – Et le loyer est de combien ?

L'EMPLOYÉ. – Alors, le loyer est de 710 € par mois mais les charges sont comprises. Dans les charges, vous avez, bien sûr, le chauffage collectif et l'eau chaude.

LA CLIENTE. – Écoutez, ça m'intéresse beaucoup. Est-ce que je peux le visiter ?

L'EMPLOYÉ. – Sans problème. Il vous suffit de passer à l'agence, nous sommes au 4, rue de la Roquette et quelqu'un vous y emmènera. Et nous sommes ouverts, du lundi au samedi, sans interruption, de 9 heures à 19 heures.

LA CLIENTE. – Je vous remercie. Au revoir, monsieur.

L'EMPLOYÉ. – Au revoir, madame.

➤ Situation 3 : Où trouver de l'essence ?

L'AUTOMOBILISTE. – Pardon, vous savez où on peut trouver de l'essence, par ici ?

LOUIS. – Vous avez une station-service à la sortie du village, juste après le virage, sur la droite.

L'AUTOMOBILISTE. – On en vient mais elle est fermée !

HENRIETTE. – Mais oui, Louis, tu sais bien que c'est fermé le dimanche !

LOUIS. – Ah, oui, c'est vrai, j'avais oublié !

HENRIETTE. – Mais il y en a une autre à Lamastre, je suis sûre qu'elle est ouverte 7 jours sur 7.

LOUIS. – Bien sûr, mais peut-être qu'à cause de la fête d'aujourd'hui, la circulation est interdite dans le centre-ville.

L'AUTOMOBILISTE. – Je vais essayer quand même. C'est sur cette route-là ?

LOUIS. – Oui, c'est ça. Vous allez faire demi-tour. À un kilomètre environ, vous allez passer un premier carrefour, vous continuez encore un peu et vous tournez à gauche. Vous verrez le panneau, c'est indiqué !

L'AUTOMOBILISTE. – Vous avez dit Lamastre, hein, c'est bien ça ? Et après ?

LOUIS. – Si vous pouvez, vous entrez en ville, vous allez traverser le pont, et tout droit, la station-service se trouve sur la grand-place à côté de l'église.

L'AUTOMOBILISTE. – Et…, et ça fait loin d'ici ?

LOUIS. – Oh… 7, 8 kilomètres, vous en avez pour un petit quart d'heure.

L'AUTOMOBILISTE. – D'accord, merci beaucoup !

LOUIS. – Je vous en prie. Au revoir et bonne chance.

➤ Situation 4 : La Provence

Aujourd'hui, notre émission *Coup d'œil* nous emmène dans le Midi.

Deuxième région française par le nombre de touristes qu'elle reçoit, la Provence est célèbre pour ses marchés aux riches odeurs et aux belles couleurs, ses vignes, sa lavande, ses petits ports au bord de la Méditerranée, ses villages typiques perchés sur des collines et l'accueil chaleureux de ses habitants.

La plus grande ville, Marseille, compte environ huit cent mille habitants. C'est une ville cosmopolite et très vivante. Il faut visiter le port et ses ruelles étroites et, bien sûr, choisir un petit restaurant pour goûter la bouillabaisse, spécialité gastronomique de cette ville.

Mais la Provence, c'est aussi Avignon et son célèbre palais des Papes et le prestigieux festival de théâtre qui a lieu tous les ans en juillet, sans oublier le fameux pont !

En descendant le Rhône vers le sud, vous arriverez en Camargue, une région sauvage connue pour ses élevages de taureaux, ses flamants roses. Ajoutons que beaucoup de gitans y habitent et organisent des fêtes à différents moments de l'année.

Pour terminer, parler de la Provence, c'est bien sûr aussi parler de la Côte d'Azur avec ses plages, où, chaque été, se pressent des milliers de vacanciers du monde entier.

> **Situation 5 : Où est-ce qu'on met les meubles ?**

ÉTIENNE. – Attends ! Tu crois qu'on va pouvoir rentrer tout ça dans ton studio ?

PASCAL. – Ben, je pense bien ! On va vite être fixés, d'ailleurs. C'est là, on est arrivés.

…

ÉTIENNE. – Bon, alors, d'abord, où est-ce qu'on met les meubles ?

PASCAL. – Écoute, attends, attends un petit peu : avant de commencer, on va réfléchir calmement. Le lit, on le monte sur la mezzanine, il y a juste la place. Et à côté, on peut même mettre la petite commode.

ÉTIENNE. – Tu es sûr que ça va tenir ?

PASCAL. – Mais oui évidemment, ne t'en fais pas, j'ai tout mesuré. Le seul problème, c'est que l'escalier est un peu raide et très étroit. Ça ne va pas être simple.

ÉTIENNE. – Non, c'est bon. On y arrivera. Ça va aller.

PASCAL. – Ensuite, je n'ai pas beaucoup le choix. Le canapé va aller contre le mur de gauche et la télé dans le coin, en face, là.

ÉTIENNE. – Et le buffet ?

PASCAL. – À droite, à droite de la fenêtre. On mettra la table et les chaises devant. Qu'est-ce qu'il y a encore à placer ?

ÉTIENNE. – Euh… pour le salon, c'est tout, hein ?

PASCAL. – Bon, impeccable. Euh, pour la cuisine, c'est facile. Le petit frigo près de l'évier et le micro-ondes au-dessus. Bon, écoute, je crois qu'on a fait le tour, il n'y a plus qu'à s'y mettre. Allez, c'est parti !

…

PASCAL. – Ça y est, tout est en place ! Bon, eh bien, il reste le tapis et mon grand miroir. On s'en occupe tout de suite ?

ÉTIENNE. – Si tu veux, pendant qu'on y est ! Allez ! Alors, le tapis sous la table, logique. Je soulève et tu le mets ? Et pour le miroir ?

PASCAL. – Écoute, je vais l'accrocher au milieu du mur, je pense que ça va faire bien, comme ça.

ÉTIENNE. – Non, un peu plus bas, c'est mieux. Un peu plus bas. Voilà, comme ça. Mais enfin, là, il n'est pas vraiment droit, baisse un peu à gauche. Non, stop, stop, stop, c'est parfait !

PASCAL. – Écoute, on va arrêter, pour le reste je verrai plus tard. Je n'en peux plus. Viens, on a bien mérité un petit restau. Je t'invite.

CHAPITRE 5
PARLER D'UN OBJET

> **Situation 1 : Au bureau des objets trouvés**

L'EMPLOYÉ. – Bonjour, mademoiselle. Je peux vous aider ?

SOUAD. – Bonjour, monsieur. J'ai perdu ma valise. En fait, je l'ai laissée dans le train ce matin. Le train de Strasbourg, de 11 heures.

L'EMPLOYÉ. – Elle est comment, votre valise ?

SOUAD. – Pas très grande, bicolore, vert foncé et beige, en…, je ne sais pas comment ça s'appelle, c'est léger, ça ressemble à du tissu, c'est du synthétique.

L'EMPLOYÉ. – Oui, je vois. Il y a votre nom dessus ?

SOUAD. – Je ne me souviens plus.

L'EMPLOYÉ. – Bon, attendez, je vais voir.

…

L'EMPLOYÉ. – Voilà, j'ai cette valise.

SOUAD. – Ah oui, c'est la mienne. J'avais des documents très importants dedans. Je peux vérifier ?

L'EMPLOYÉ. – Oui, je vous en prie. Alors… ? Il y a toutes vos affaires ?

SOUAD. – Euh…, mes vêtements, mes affaires personnelles, oui, mais je ne vois pas mes dossiers. Oh là là ! Comment je vais faire ?

L'EMPLOYÉ. – Bon, vous allez passer au commissariat pour faire une déclaration. Ne vous en faites pas, mademoiselle, ils sont quelque part, ces documents et, en attendant, je vais vous demander de signer ici, s'il vous plaît… Voilà, merci…

SOUAD. – Merci, monsieur.

L'EMPLOYÉ. – Au revoir, mademoiselle, bonne chance !

> **Situation 2 : Un beau cadeau**

« *La petite Caroline Bouchard attend sa maman à l'accueil au rez-de-chaussée du magasin.* »

LE VENDEUR. – Bonjour, madame, je peux vous renseigner ?

LA CLIENTE. – Oui, merci, je cherche un appareil photo numérique.

LE VENDEUR. – Alors, voyons… C'est pour vous ?

LA CLIENTE. – Non, c'est un cadeau pour mon petit-fils qui a treize ans.

LE VENDEUR. – Et vous avez une marque préférée ?

LA CLIENTE. – Non, pas vraiment, mais lui, il a vu un modèle qui lui plaît.

LE VENDEUR. – Très bien. Lequel ?

LE PETIT-FILS. – Celui tout à droite, le gris.

LE VENDEUR. – Il est parfait, il est facile à utiliser et fait des photos magnifiques.

LA CLIENTE. – Oui. Mais il fait combien ?

LE VENDEUR. – Il est un peu cher, c'est vrai, mais c'est un excellent rapport qualité-prix. 1 240 euros.

LA CLIENTE. – Oh là là ! Oui, vous avez raison, il est un peu cher.

LE PETIT-FILS. – Ne t'inquiète pas, mamie, je vais y faire attention !

LE VENDEUR. – Ne vous faites pas de soucis, madame, il est très solide, votre petit-fils pourra l'emporter partout, c'est un appareil qui ne craint pas les chocs.

LE PETIT-FILS. – Il a une mémoire de combien ?

LE VENDEUR. – Il a une carte de 4 Mo.

LA CLIENTE. – C'est bien, euh… ça me paraît bien compliqué. Et les pellicules, elles sont chères ?

LE PETIT-FILS. – Mais, mamie, avec ce genre d'appareil, on n'a plus besoin de pellicules !

LA CLIENTE. – Bon, écoute, c'est toi qui vas t'en servir, ce n'est pas moi ! Bien, alors je vous le prends. Un cadeau, c'est un cadeau !

LE PETIT-FILS. – Oh ! merci, mamie ! Tu es géniale !

LE VENDEUR. – Vous payez comment ?

LA CLIENTE. – Par carte.

LE VENDEUR. – Très bien, écoutez, vous pouvez aller régler à la caisse.

LA CLIENTE. – Merci beaucoup, monsieur.

LE VENDEUR. – Je vous en prie, madame. Au revoir, madame, au revoir, jeune homme.

➤ Situation 3 : Bonnes affaires

CoursesMatin bonjour ! Soyez les bienvenus sur TéléAchats. Alors, ce matin, nous vous proposons un lecteur de cartes à puce, un clavier musical et l'affaire à saisir, un entraîneur douceur pour retrouver votre ligne ! Et n'oubliez pas que vous avez la possibilité de payer avec la carte CoursesMatin.

D'abord, le lecteur de cartes à puce. Il vous permet de lire toutes vos cartes, il sert à contrôler vos crédits, vos dépenses… Il ressemble à une calculatrice de poche. Il est livré avec l'étui que vous voyez là. Il ne coûte que 23 euros. C'est bon marché pour tous les services qu'il vous rend !

Maintenant, le clavier musical ! Il est peu encombrant. Vous pouvez animer une soirée entre copains ou bien vous pouvez vous amuser chez vous, avec un casque pour ne pas déranger les voisins ! Cela va plaire à tous les fans de musique ! Son prix : 190 euros !

Et l'affaire du jour ! Cet entraîneur douceur ! Regardez, c'est comme un vélo d'appartement mais qui fait travailler tout votre corps. Il est solide, il est en acier. Il n'est pas très lourd : 14 kg. Il prend peu de place : 1 m de haut, 1,20 m de long et 50 cm de large. Et aujourd'hui, nous vous offrons une réduction de 20 % : 72 euros au lieu de 90 !

Alors, pour commander un de ces articles, appelez-nous au 0800 808 808 !

Bonne journée et à demain !

➤ Situation 4 : Échange ou remboursement

LA VENDEUSE. – Le magasin Grandclair, Monique, à votre service, bonjour !

LE CLIENT. – Bonjour, euh… voilà, la semaine dernière, j'ai acheté un barbecue à gaz qui était en promotion à 172 euros dans votre magasin de la rue Voltaire.

LA VENDEUSE. – Oui ?

LE CLIENT. – Alors, il y a des amis qui viennent de m'offrir exactement le même ! Je leur avais montré votre catalogue, alors, maintenant, j'ai deux barbecues et je voudrais savoir… si je peux vous en rendre un.

LA VENDEUSE. – Est-ce que l'emballage est ouvert ?

LE CLIENT. – Non, je n'y ai pas touché. Quand j'ai vu que ça venait du même magasin, j'ai tout de suite compris.

LA VENDEUSE. – Et vous avez gardé votre ticket de caisse ?

LE CLIENT. – Oui, oui, je l'ai conservé pour la garantie, pour la date d'achat.

LA VENDEUSE. – Bon, alors je pense que ça devrait pouvoir s'arranger. Vous pouvez passer au magasin le plus rapidement possible ? Avec votre article dans son emballage d'origine et votre ticket de caisse, bien sûr. Comme ça, on vous fera un avoir correspondant à la somme de votre achat et vous l'utiliserez pour acheter un autre article.

LE CLIENT. – Mais si je ne trouve rien, euh… je ne sais pas, moi, je ne peux pas être remboursé ?

LA VENDEUSE. – Si, c'est possible aussi, monsieur.

LE CLIENT. – Bon, très bien, je vous remercie. À bientôt.

LA VENDEUSE. – Oui, à bientôt, à votre service, monsieur, au revoir.

➤ Situation 5 : Je n'arrive pas à me connecter

« Vous êtes en communication avec CompuAssistance. Nos services sont ouverts du lundi au samedi, de 7 heures à 22 heures. Si vous désirez contacter notre service commercial, tapez 1. Si vous souhaitez l'assistance d'un de nos techniciens, tapez 2. Si vous voulez vous abonner, tapez 3.
CompuAssistance, assistance technique, ne quittez pas, un technicien va vous répondre. Le délai d'attente est de… moins d'une minute. »

LE TECHNICIEN. – Majid Ali, bonjour.

LA CLIENTE. – Oui, bonjour. J'ai appelé la semaine dernière, déjà.

LE TECHNICIEN. – Oui, très bien. Vous pouvez me rappeler votre numéro de dossier ?

LA CLIENTE. – Oui, c'est le W200N, N comme Nicolas.

LE TECHNICIEN. – Oui, vous êtes Mme Anne Aubry, à Flumet ?

LA CLIENTE. – Oui, c'est ça.

LE TECHNICIEN. – Je vous écoute.

LA CLIENTE. – Bon, voilà. J'ai acheté mon ordinateur il y a trois semaines et je n'arrive pas à me connecter à Internet. Je me suis abonnée à plusieurs fournisseurs d'accès mais ça ne change rien. Je ne sais plus quoi faire !

LE TECHNICIEN. – Bon, alors, on va essayer de voir ça ensemble. Dites-moi d'abord, vous m'appelez d'un téléphone portable ou bien à partir de votre poste fixe ?

LA CLIENTE. – De mon portable.

LE TECHNICIEN. – Très bien, maintenant vous allez cliquer sur l'icône d'un de vos fournisseurs d'accès, n'importe lequel.

LA CLIENTE. – Oui, ça y est.

LE TECHNICIEN. – Bon, vous avez une fenêtre, normalement, qui s'affiche avec le message « Se connecter maintenant » ?

LA CLIENTE. – Oui.

LE TECHNICIEN. – Vous allez cliquer dessus. Qu'est-ce qui se passe ?

LA CLIENTE. – Il y a un message qui dit « Accès impossible ».

LE TECHNICIEN. – Ah, oui. C'est bizarre. Vous avez un modem au moins ?

LA CLIENTE. – Oui, évidemment, un modem intégré.

LE TECHNICIEN. – Oui, ce n'est pas normal, ça, je pense qu'il va falloir nous apporter l'unité centrale.

LA CLIENTE. – Ah… et combien de temps vous la garderez ?

LE TECHNICIEN. – Ça dépend, madame, il faut que je voie.

LA CLIENTE. – Bon, je viens dès demain. Merci, monsieur.

CHAPITRE 6
DEMANDER ET DONNER DES RENSEIGNEMENTS

➤ Situation 1 : C'est complet !

LE RESTAURATEUR. – Allô, restaurant Chez Pierre, bonjour !

LA CLIENTE. – Oui. Bonjour, je voudrais vous réserver une table pour le vendredi 10 au soir.

LE RESTAURATEUR. – Oui, combien de couverts ?

LA CLIENTE. – Nous sommes neuf.

LE RESTAURATEUR. – Alors, le 10… oui, mais alors pas avant 22 h 30…

LA CLIENTE. – Oh ! ça fait tard, on voulait venir vers 20 heures.

LE RESTAURATEUR. – Ah, non, je regrette, c'est complet. Vous savez, un vendredi… Je peux vous indiquer le numéro du Lion d'or, c'est la même maison, c'est juste à côté.

LA CLIENTE. – Ah, je veux bien, oui.

LE RESTAURATEUR. – Alors, c'est le 02 71 36 20 14. Mais ne tardez pas ! Ils doivent avoir beaucoup de monde aussi !

LA CLIENTE. – Eh bien, écoutez, je vous remercie, j'appelle tout de suite !

➤ Situation 2 : Location de voiture

« Départ à destination de Beyrouth, vol Air Lux 217. Les passagers sont invités à se présenter en salle d'embarquement, porte numéro 34. »

L'HOMME. – Tu entends, chérie, notre avion repart déjà ! Ah, tiens, c'est là !

L'EMPLOYÉE. – Madame, monsieur, bonjour !

L'HOMME. – Bonjour, nous voudrions louer une voiture pour 48 heures. Qu'est-ce que vous avez de disponible actuellement ?

L'EMPLOYÉE. – Alors, nous n'avons plus beaucoup de choix, avec le tournoi… Il nous reste une Mondeo cinq places, une Espace sept places…

L'HOMME. – Oh, écoutez… j'aurais préféré quelque chose de plus petit, de plus économique.

L'EMPLOYÉE. – Ah, attendez, oui, j'ai une Clio !

L'HOMME. – Ah, oui, c'est mieux ! Et ça fait combien, pour deux jours ?

L'EMPLOYÉE. – C'est 51,70 euros la journée, avec kilométrage illimité. Vous ramenez le véhicule ici ?

L'HOMME. – Oui, lundi matin.

L'EMPLOYÉE. – Bon, très bien, je vous donne le formulaire à remplir… Vous avez votre permis de conduire et une carte de crédit, s'il vous plaît ?

L'HOMME. – Oui. Voilà.

L'EMPLOYÉE. – Merci. Vous signez le contrat ici. Alors, c'est une Clio verte, elle est garée au troisième sous-sol, allée J. Voici la clé, les papiers de la voiture sont à l'intérieur. Et lundi, vous la laissez au même endroit.

L'HOMME. – Écoutez, c'est parfait ! Merci, mademoiselle, au revoir.

L'EMPLOYÉE. – Bonne soirée.

« Arrivée en provenance de Buenos Aires, via Madrid, vol Air France 609, porte numéro 27. »
« Dernier appel : les passagers du vol à destination de Beyrouth… »

➤ Situation 3 : Parc Astérix, bonjour

SOFIAN. – Tu es déjà allé au Parc Astérix ?

BERTRAND. – Non, je ne sais même pas où c'est exactement. Mais il paraît que c'est super et que cette année, il y a de nouvelles attractions !

SOFIAN. – J'ai le numéro, on peut téléphoner ? Alors : 08 36 68 30 10. Ah, c'est une ligne vocale. Je déteste !

« Bonjour et bienvenue au Parc Astérix. Si vous voulez tout savoir sur le parc, tapez vite sur la touche étoile de votre téléphone. Parfait. Pour connaître les tarifs, tapez 1 ; pour savoir comment accéder au parc, tapez 2 ; pour avoir tous les horaires, tapez 3 ; et, pour en savoir plus ou dialoguer avec une hôtesse, tapez sur la touche dièse. »

BERTRAND. – Tape dièse.

L'HÔTESSE. – Parc Astérix, bonjour, je suis là pour vous renseigner.

SOFIAN. – Oui, bonjour, madame, je voudrais savoir combien coûte le billet d'entrée, s'il vous plaît.

L'HÔTESSE. – L'entrée est gratuite pour les enfants de moins de trois ans. De trois à onze ans, c'est 21 € et à partir de douze ans et pour les adultes, c'est 28 €.

SOFIAN. – Moi j'ai onze ans et demi et mon copain a dix ans.

L'HÔTESSE. – 21 €, c'est pour onze ans inclus, donc c'est bien pour vous deux.

SOFIAN. – Et, c'est ouvert tous les jours ?

L'HÔTESSE. – Oui, à partir de mai, le parc est ouvert tous les jours de 10 heures à 18 heures et le week-end et les jours fériés de 9 h 30 à 21 heures.

SOFIAN. – D'accord, merci beaucoup.

L'HÔTESSE. – Tu veux savoir autre chose ?

SOFIAN. – Euh… Non merci.

L'HÔTESSE. – Eh bien, au revoir et à bientôt.

SOFIAN. – Au revoir.

➤ Situation 4 : Ouvrir un compte en banque

L'EMPLOYÉ. – Allô BLC, j'écoute.

LE CLIENT. – Bonjour, monsieur. Je suis client de votre banque et je voudrais quelques renseignements pour un ami étranger. Il voudrait ouvrir un compte en France et il aimerait savoir quelles sont les démarches nécessaires.

L'EMPLOYÉ. – Il va habiter en France ?

LE CLIENT. – Oui.

L'EMPLOYÉ. – Écoutez, c'est très simple, il lui faut un justificatif de domicile, une facture EDF, par exemple.

LE CLIENT. – D'accord.

L'EMPLOYÉ. – Et ensuite, une pièce d'identité : son passeport. C'est tout.

LE CLIENT. – Ah oui, ça suffit ? Il n'a pas besoin de verser une somme minimale ?

L'EMPLOYÉ. – Non, à la BLC, ce n'est pas nécessaire. Vous pouvez ouvrir un compte sans verser d'argent.

LE CLIENT. – D'accord. Bon, bien, c'est parfait. Et quel est le délai pour avoir un carnet de chèques ?

L'EMPLOYÉ. – Une semaine environ. S'il veut une carte bancaire, c'est un peu plus long, disons trois semaines.

LE CLIENT. – D'accord, bien, merci beaucoup, je vais lui transmettre toutes ces informations.

L'EMPLOYÉ. – Ah, j'oubliais, dites-lui de prendre rendez-vous avant, ça vaut mieux.

LE CLIENT. – D'accord, merci encore.

L'EMPLOYÉ. – Je vous en prie.

► Situation 5 : Bienvenue à bord de l'Eurostar

Mesdames et messieurs, bienvenue à bord de l'Eurostar 9015 à destination de Londres où nous arriverons à 10 h 13, heure locale. Notre trajet durera exactement trois heures et nous roulerons à une vitesse de 300 km/heure jusqu'à notre arrivée au tunnel sous la Manche.

Par mesure de sécurité, nous vous demandons de bien vouloir vérifier que vos bagages sont placés dans les compartiments prévus à cet effet à chaque extrémité des voitures et qu'ils ne gênent pas l'accès aux portes.

Nous vous rappelons qu'il est strictement interdit de fumer dans le train, sauf dans les voitures fumeurs. Quatre cabines de téléphone et deux espaces nursery sont à votre disposition. Deux bars situés en tête et en milieu de train seront ouverts dans peu de temps. Vous y trouverez des sandwichs et un grand choix de boissons et de plats, chauds ou froids.

Les voyageurs non ressortissants de l'Union européenne sont priés de remplir une fiche d'immigration qui sera distribuée par notre chef de train. Elle vous sera demandée par le service de contrôle des douanes à la gare de Waterloo.

Nous restons à votre disposition pendant toute la durée de notre voyage que nous vous souhaitons le plus agréable possible.

CHAPITRE 7
RACONTER UNE HISTOIRE PERSONNELLE

► Situation 1 : Chez le médecin

LE DOCTEUR BONNET. – Bonjour, monsieur Delpeuch, entrez, je vous en prie.

M. DELPEUCH. – Bonjour, docteur.

LE DOCTEUR BONNET. – Asseyez-vous. Ça n'a pas l'air d'aller aujourd'hui, qu'est-ce qui vous arrive ?

M. DELPEUCH. – Oh là là, docteur, j'ai un mal de dos épouvantable ! Je n'ai pas fermé l'œil de la nuit.

LE DOCTEUR BONNET. – Allons bon, qu'est-ce qui s'est passé ?

M. DELPEUCH. – Eh bien, c'est un peu de ma faute, vous savez.

LE DOCTEUR BONNET. – Qu'est-ce que vous avez donc fait ?

M. DELPEUCH. – Eh bien, hier matin, j'ai voulu aider mon fils qui déménageait. À un moment, je me suis baissé pour soulever un carton et alors là, impossible de me relever ! Je suis resté coincé comme ça un bon moment, et puis, finalement, j'ai réussi à m'asseoir. Alors quand j'ai pu rentrer chez moi, je me suis allongé immédiatement.

LE DOCTEUR BONNET. – Et vous avez pris des médicaments ?

M. DELPEUCH. – Oui, ma femme m'a acheté des calmants et de la pommade, elle m'a fait des massages, je n'ai pas voulu vous appeler hier soir. Maintenant, ça va un peu mieux, mais j'ai encore mal.

LE DOCTEUR BONNET. – Bon, nous allons voir ça. Vous enlevez votre pull…

► Situation 2 : La doyenne du village

Chers auditeurs, bonjour ! Aujourd'hui, nous sommes en direct de Lieutadès, un petit village du Massif central, et nous allons passer une demi-heure en compagnie de Marie-Jeanne Gondal, la doyenne du village, qui a quatre-vingt-seize ans ! Marie-Jeanne s'est mariée à l'âge de dix-huit ans et a eu six enfants. Nous l'interrogerons, bien sûr, sur ses souvenirs. Mais elle nous parlera surtout de la transformation de Lieutadès. En effet, à la naissance de Marie-Jeanne, le village comptait un peu plus de 1 000 habitants. Il y avait une épicerie, une boucherie, deux boulangeries, et même une boutique de vêtements ! Le seul commerce qui manquait était la pharmacie ; pour les médicaments, il fallait aller à la ville voisine. Petit à petit, principalement dans les années 50-60, les gens ont quitté le village, ils sont allés s'installer à Paris et, aujourd'hui, la population est de 150 habitants environ. Et puis, l'année dernière, l'école a dû fermer ses portes… Dans un instant, nous écouterons Marie-Jeanne nous parler de toutes ces époques qu'elle a connues, mais voici auparavant une chanson de Jean Chaumont.

► Situation 3 : Cambriolage

THÉRÈSE. – Allô, oui !

PHILIPPE. – Allô, Thérèse ? Oui, c'est Philippe. Dis-moi, je viens d'avoir Jean au téléphone, il m'a dit pour ton cambriolage…

THÉRÈSE. – Bonjour, oui… tu es au courant !

PHILIPPE. – Oh là là ! Et quand est-ce que ça s'est passé ?

THÉRÈSE. – Lundi dernier.

PHILIPPE. – Oh !

THÉRÈSE. – Le matin. J'ai quitté la maison vers 8 heures et demie et, quand je suis rentrée vers midi et demi, j'ai trouvé la porte de l'appartement entrouverte, j'ai compris tout de suite, tu penses, tout était sens dessus dessous !

PHILIPPE. – Ils ont fracturé la porte d'entrée ! Et ils ont emporté beaucoup de choses ?

THÉRÈSE. – Malheureusement, oui ! Je pense qu'ils étaient plusieurs parce qu'ils ont emporté le magnétoscope, un superbe appareil photo qu'on venait de s'acheter, la chaîne hi-fi, l'ordinateur, des cassettes vidéo… Et, le plus important, un bracelet qui venait de ma grand-mère, ça, tu vois, ça m'a fait mal au cœur… Bref, j'ai tout de suite appelé la police, ils sont venus assez vite, mais ils ne peuvent pas faire grand-chose, tu sais…

PHILIPPE. – Et personne n'a rien vu ? Rien entendu ?

THÉRÈSE. – Non, les voisins aussi étaient au travail ! Non, personne n'a rien remarqué ! Donc, maintenant il ne me reste plus qu'à faire ma déclaration pour les assurances. À ce propos, je vais te quitter parce que je voudrais m'occuper de tous ces papiers cet après-midi. Écoute, je te rappelle plus tard, parce que, là, je n'ai vraiment pas le temps. D'accord ?

PHILIPPE. – Entendu ! À plus tard, Thérèse, et bon courage !

THÉRÈSE. – Merci, au revoir !

➤ Situation 4 : Tu es en retard !

MARINE. – Alors, Pierre, ça fait trois quarts d'heure que je t'attends et sous la pluie en plus !

PIERRE. – Excuse-moi, mais ce n'est vraiment pas de ma faute, je vais te raconter. D'abord, je suis descendu de chez moi, je n'avais pas vu qu'il pleuvait, alors, je suis remonté prendre mon parapluie. Au moment de repartir, le téléphone sonne, c'était ma mère qui voulait me raconter son week-end, je lui ai dit que j'étais pressé et finalement je repars. Donc, j'étais dans la rue, j'allais à la station de métro, je marchais assez vite à cause de la pluie et, à un moment, j'étais au feu pour traverser, on était plusieurs d'ailleurs, une voiture est arrivée très vite et on a tous été éclaboussés. Les gens étaient furieux ! Et moi, j'ai dû retourner une deuxième fois chez moi pour me changer parce que j'étais trempé. Voilà, c'est pour ça que je suis en retard, quoi ! Bon, ben, tu ne m'en veux pas ?

MARINE. – Non, mais en ce moment, ça t'arrive souvent quand même !

➤ Situation 5 : Un bon CV

M. LOUBET. – Mademoiselle, sur votre CV, je lis que vous avez passé deux ans en Angleterre et un an en Italie ?

IRÈNE. – Oui, juste après mon bac, je suis partie à Londres pour perfectionner mon anglais. Je suis restée six mois dans une école et, pendant mon séjour, j'ai rencontré quelqu'un qui avait un petit magasin de jouets et qui m'a proposé de travailler comme vendeuse, j'ai accepté et finalement je suis restée plus longtemps que prévu.

M. LOUBET. – Et en Italie ?

IRÈNE. – Ça, c'est une autre histoire. J'avais rencontré un Italien et je suis allée vivre à Florence. Là-bas, j'ai travaillé dans un hôtel, j'en ai aussi profité pour étudier la langue.

M. LOUBET. – Vous étiez réceptionniste, c'est ça ?

IRÈNE. – Oui, et puis, de temps en temps, j'accompagnais des groupes de touristes.

M. LOUBET. – Bien. Et à votre retour d'Italie, vous avez fait quoi ?

IRÈNE. – D'abord, je me suis inscrite dans un organisme de formation. J'ai fait un stage d'informatique pour me perfectionner. Et puis, comme je ne voulais pas m'installer tout de suite en France, je suis repartie à l'étranger.

M. LOUBET. – Vous ne l'avez pas indiqué ?

IRÈNE. – Non, parce que c'est un peu particulier. Je suis partie en Amérique latine pendant neuf mois comme bénévole pour une organisation internationale. C'était pour participer à la reconstruction d'une école qui avait été détruite dans un tremblement de terre.

M. LOUBET. – C'est très loin de la vente de jouets ou du tourisme !

IRÈNE. – Oui, en effet, mais ça m'a appris beaucoup de choses !

M. LOUBET. – Donc, vous parlez couramment l'anglais et l'italien…

IRÈNE. – Et j'ai aussi un très bon niveau d'espagnol.

M. LOUBET. – Vous avez un parcours intéressant. Je vous crois tout à fait capable d'occuper un poste d'assistante. Vous aurez peut-être des déplacements à faire à l'étranger, mais je pense que vous n'y verrez pas d'inconvénient ?

IRÈNE. – Non, pas du tout, au contraire !

M. LOUBET. – Vous êtes disponible quand ? Vous pourriez commencer le mois prochain ?

IRÈNE. – Oui, sans problème.

M. LOUBET. – Bien, dès que j'ai quelque chose, je vous appelle. Notre agence reçoit beaucoup de demandes en ce moment.

CHAPITRE 8
PARLER DE CE QUI VA SE PASSER

➤ **Situation 1 : Quelques consignes**

« *Vous êtes bien au 03 69 00 50 31, merci de nous laisser un message, nous vous rappellerons dès notre retour.* »

– Oui, Aude, c'est maman, j'espère que tu vas écouter le répondeur avant ce soir !

Bon, trois choses à te demander !

Alors, d'abord, j'ai oublié un dossier important à la maison. Sois gentille de me l'apporter chez Delphine ce soir ; tu le trouveras sur mon bureau, c'est le rouge, sur la pile de gauche. Mais ne dérange pas tout !

Et ne t'inquiète pas si les ouvriers passent pour les travaux : ils ont les clés. Rappelle-leur simplement que je les verrai demain comme convenu.

Autre chose. Puisque tu auras le temps cet après-midi, va voir, s'il te plaît, Mme Bardinet, et dis-lui que je suis d'accord pour la réunion de jeudi chez elle.

Voilà, merci, ma chérie et à ce soir chez Delphine avec papa. Et surtout n'oublie pas mon dossier ! Bisous !

➤ **Situation 2 : Un emploi du temps chargé**

LA JEUNE FILLE. – Bonjour, madame, je suis la jeune fille au pair…

LA DAME. – Oui, bonjour, Anita, je vous attendais. Entrez. Vous pouvez laisser votre valise ici, je vais vous présenter notre fille, Bérénice, et vous montrer la maison, bien sûr. Bérénice, viens voir Anita !

LA JEUNE FILLE. – Bonjour, Bérénice ! Est-ce qu'elle parle déjà ?

LA DAME. – Elle commence. Mais je vous demanderai de lui parler seulement anglais. Asseyez-vous, Anita.

LA JEUNE FILLE. – Oui, merci. Alors, qu'est-ce que je ferai exactement ?

LA DAME. – Votre travail sera de vous occuper de Bérénice, elle est assez capricieuse, ne lui cédez rien !

LA JEUNE FILLE. – D'accord ! Et comme horaires ?

LA DAME. – Vous serez libre tous les jours à partir de 17 heures pour pouvoir suivre vos cours de français, bien sûr.

LA JEUNE FILLE. – Je ne travaillerai jamais le soir ?

LA DAME. – Ah si, quelquefois, mais jamais plus d'un soir par semaine. Bon, alors, le matin, vous l'emmènerez au jardin public, il faudra que vous la fassiez déjeuner vers midi, midi et demi, et puis ensuite, elle fait la sieste, au moins deux heures l'après-midi. Après, elle jouera un peu avec vous, et moi je serai là vers 17 heures.

LA JEUNE FILLE. – Très bien. Et le week-end ?

LA DAME. – Vous travaillerez un week-end sur trois. Vous pouvez naturellement inviter des amis, mais prévenez-nous quand même avant !… Ah, j'entends mon mari qui rentre, vous allez faire sa connaissance…

➤ **Situation 3 : Météo**

LE PRÉSENTATEUR. – Inter-infos, il est 7 h 28. Nous sommes aujourd'hui le 21 mars et nous retrouvons Béatrice Fouvert pour la météo. Béatrice, alors, vous nous annoncez quel temps pour ce premier jour de printemps ?

BÉATRICE FOUVERT. – Eh bien, Patrick, le printemps ne nous amène pas le beau temps. En effet, sur la majeure partie du pays, le temps sera couvert et pluvieux toute la journée.

Dans le Nord, la Picardie et l'Île-de-France, les pluies et les averses s'accompagneront d'orages dans l'après-midi. Sur la Bretagne, les Pays de Loire et la Normandie, le vent du sud-ouest soufflera à 70 km/h. Le ciel sera très nuageux avec des averses de grêle en fin de matinée. Dans le Centre et sur le Massif central, les pluies du matin laisseront la place à quelques éclaircies dans l'après-midi. Sur les Alpes et les Pyrénées, la neige tombera au-dessus de 1 800 mètres. Il pleuvra faiblement de la Bourgogne à l'Alsace mais les nuages resteront nombreux toute la journée. Dans le sud, de l'Aquitaine à la Provence, les nuages disparaîtront en cours de matinée pour laisser la place à un beau soleil qui brillera tout l'après-midi.

Quant aux températures, elles iront de 10 °C à Brest, Lille et Strasbourg jusqu'à 16 °C à Toulouse et Nice. Les températures maximales seront enregistrées à Ajaccio où le thermomètre marquera 21 °C. Automobilistes, attention au brouillard qui est encore épais sur le quart nord-est du pays.

LE PRÉSENTATEUR. – Merci, Béatrice !

➤ Situation 4 : Une journée en Périgord

L'EMPLOYÉE. – Allô ! Ici l'agence Dordogne Explo. Pourrais-je parler à M. Lagrange, s'il vous plaît ?

M. LAGRANGE. – Oui, c'est moi-même.

L'EMPLOYÉE. – Vous avez réservé une excursion pour un groupe de dix personnes jeudi prochain, et je vous appelle pour vous préciser le programme.

M. LAGRANGE. – Ah ! Très bien !

L'EMPLOYÉE. – Bon, voilà, alors, vous devez être devant la mairie à 5 heures, l'autocar vous y attendra.

M. LAGRANGE. – À 5 heures du matin ? Ça fait tôt !

L'EMPLOYÉE. – Oui, mais il faut bien trois heures de route pour aller à Sarlat. Alors, soyez bien tous à l'heure parce que c'est une excursion d'une journée et si vous voulez en profiter…

M. LAGRANGE. – Oui, c'est vrai, vous avez raison.

L'EMPLOYÉE. – Alors, en arrivant, vous visiterez la vieille cité avec ses maisons du XIVᵉ siècle.

M. LAGRANGE. – Mais il nous faudra toute la matinée ?

L'EMPLOYÉE. – Oui, et vous déjeunerez dans un petit restaurant où vous pourrez goûter les spécialités régionales.

M. LAGRANGE. – Nous aurons combien de temps ?

L'EMPLOYÉE. – Deux heures, pas plus, parce qu'après, vous irez sur le site préhistorique de l'homme de Cro-Magnon.

M. LAGRANGE. – Ah, bien ! Et les grottes de Lascaux ?

L'EMPLOYÉE. – Vous y serez en fin d'après-midi. Ne soyez pas déçus, vous savez qu'on ne peut plus visiter les grottes originales mais des copies seulement.

M. LAGRANGE. – Ah, oui ! Et ça, c'est bien dommage, d'ailleurs.

L'EMPLOYÉE. – Ben, oui. Mais la reconstitution est très bien faite. Voilà ! Et vous serez de retour vers 21 heures.

M. LAGRANGE. – Bien, je vous remercie de toutes ces informations.

L'EMPLOYÉE. – Je vous en prie. Au revoir, M. Lagrange.

M. LAGRANGE. – Au revoir, mademoiselle.

➤ Situation 5 : Perspectives

M. BARTEAU, PRÉSIDENT-DIRECTEUR GÉNÉRAL. – Eh bien, mesdames et messieurs les actionnaires, nous allons continuer cette réunion de travail sur l'avenir de notre groupe Finorama par l'intervention de M. Duponsay, directeur financier, qui va nous parler de la bonne situation financière de notre entreprise et aussi de ses perspectives de développement pour les prochaines années.

M. DUPONSAY. – Mesdames, messieurs, bonsoir. Effectivement, le bilan de notre groupe sera globalement positif cette année, puisque nous aurons un chiffre d'affaires de 2 millions d'euros en décembre prochain, c'est-à-dire une augmentation de 2,6 % par rapport à l'année dernière. La progression de notre groupe est constante et nos prévisions pour les années à venir sont très encourageantes. En ce qui concerne notre développement, nous ouvrirons quatre nouvelles unités de production de téléviseurs et magnétoscopes d'ici cinq ans : une en Hongrie, une au Portugal et deux en Asie. Nous continuerons à prospecter le marché chinois pour trouver des fournisseurs de matériel micro et aussi pour nous ouvrir de nouveaux marchés. Toutes nos usines en France resteront bien sûr en activité. Voilà dans les grandes lignes nos principales orientations. Je suis prêt à répondre à d'éventuelles questions.

CHAPITRE 9
DONNER DES CONSEILS

➤ Situation 1 : Il faut poursuivre le traitement

LE MÉDECIN. – Alors, madame Lopez, vous allez mieux ?

LA PATIENTE. – Ah non, docteur, je ne supporte pas les médicaments que vous m'avez donnés l'autre jour.

LE MÉDECIN. – Ah ? Pourquoi ?

LA PATIENTE. – Ça me donne des nausées, je ne sais pas…

LE MÉDECIN. – Oui, au début du traitement, c'est normal, mais ne vous inquiétez pas ! Vous avez moins mal tout de même ?

LA PATIENTE. – Oui, oui, mais je me sens très fatiguée et je dors mal, quoi ! Je n'arrive pas à m'endormir et je me réveille plusieurs fois par nuit.

LE MÉDECIN. – Vous avez des soucis actuellement ?

LA PATIENTE. – Non, pas particulièrement. Je crois que j'ai seulement besoin de repos, de vacances, quoi !

LE MÉDECIN. – Pourquoi est-ce que vous ne partez pas un peu ? Vous ne pouvez pas vous libérer ?

LA PATIENTE. – Non, non, je ne peux pas laisser mon magasin comme ça !

LE MÉDECIN. – Je comprends. Mais je vous conseille de faire attention. Il faut vraiment que vous vous reposiez quelque temps.

LA PATIENTE. – C'est difficile !…

LE MÉDECIN. – Écoutez, en attendant, je vous propose de poursuivre ce traitement. Patience, il faut au moins essayer quelques semaines… Et revenez me voir d'ici un mois.

LA PATIENTE. – D'accord. Je vous remercie, docteur.

➤ Situation 2 : Pour envoyer un paquet

L'EMPLOYÉE. – Monsieur, c'est à vous !

M. FERROT. – Bonjour, madame, j'ai ce paquet à envoyer. C'est pour Strasbourg. C'est pour un anniversaire.

L'EMPLOYÉE. – Vous pouvez l'envoyer par Colissimo ou en colis ordinaire.

M. FERROT. – Ah, oui ! Mais c'est qu'il faudrait que ça arrive après-demain.

L'EMPLOYÉE. – Bon. Bien, alors, pas en colis ordinaire parce que ça prendra trop de temps. Non, il n'y a que le Colissimo si vous êtes vraiment pressé.

M. FERROT. – Ah, oui ! Et c'est quoi, Chronopost, là ?

L'EMPLOYÉE. – Ça, c'est pour les envois très urgents. Avec ce système, vous êtes sûr d'avoir le paquet le jour même ou le lendemain au plus tard. Mais c'est beaucoup plus cher.

M. FERROT. – Ah ! Et combien ?

L'EMPLOYÉE. – Entre 15 et 18 euros.

M. FERROT. – Ah, oui, effectivement. C'est assez cher.

L'EMPLOYÉE. – Bon… Si c'est un cadeau important, il vaut mieux envoyer votre paquet en recommandé, de toute manière.

M. FERROT. – Ah, ben, non, ce sont des livres et des photos.

L'EMPLOYÉE. – Ah ! Ben, alors, je vous conseille le Colissimo. Compte tenu de l'heure, il sera livré dans deux jours et ça coûte beaucoup moins cher. Vous en avez pour 3,40 euros.

M. FERROT. – Très bien. Allons pour un Colissimo !

➤ Situation 3 : Leçon de ski

LE MONITEUR DE SKI. – Bon, vous n'avez pas trop froid ? Elle est vraiment interminable, cette montée en télésiège !

LUCAS. – Heureusement, on va se réchauffer en descendant !

LE MONITEUR DE SKI. – Justement, comme c'est le dernier cours, voilà ce que je vous propose. On fait une première descente par la rouge, la piste de Bellegarde…

ARNAUD. – Ah non, on l'a déjà faite plusieurs fois ! On ne pourrait pas en faire une autre ? Enfin, je ne sais pas, la noire ?

LUCAS. – Pas pour une première descente, tu es fou ! C'est mieux de commencer par quelque chose de pas trop difficile !

ARNAUD. – Mais Lucas, c'est notre dernier jour. On a eu un entraînement pendant une semaine, on est en forme maintenant !

LE MONITEUR DE SKI. – Non, Arnaud, il vaut mieux ne pas forcer au départ. Ce qu'on devrait faire, c'est préparer un slalom dans la partie raide, avant la forêt, ça nous mettra en jambes.

ARNAUD. – D'accord ! Et tu crois qu'on aura le temps de faire un peu de hors-piste ?

LUCAS. – Mais tu ne te rends pas compte là, Arnaud, c'est hyperdangereux !

ARNAUD. – Allez… si…, ce serait génial ! Et puis, on ne prendra pas de risques puisqu'on sera avec un moniteur.

LE MONITEUR DE SKI. – Bon, allez, on ferait mieux de ne pas rester là à discuter. On perd du temps. On y va ? Deux ou trois rouges avec slalom, plusieurs noires une fois que vous serez bien échauffés, et… d'accord, on terminera par du hors-piste !

ARNAUD. – Super ! Bon, Lucas, tu passes le premier et… tu as intérêt à faire attention, hein, ça glisse !

LUCAS. – Ah, très drôle !

LE MONITEUR DE SKI. – Allez, les gars, c'est parti ! Arnaud, tu es fou !… Ça va ? Tu t'es fait mal ?

➤ Situation 4 : À la recherche d'un job d'été

LE JOURNALISTE. – Les grandes vacances approchent et les jeunes auditeurs sont nombreux à nous appeler. Ils cherchent un job pour se faire de l'argent de poche. Véronique, avez-vous des réponses à leur donner ?

VÉRONIQUE. – Oui, mon cher Arthur. Les petits boulots sont très demandés et on est à la mi-juin… Alors moi, je me dépêcherais d'aller voir du côté des plages où il ne manque pas d'occasions intéressantes, vendre des glaces par exemple. Il y aurait peut-être des possibilités comme moniteurs de planche à voile ou de rollers, mais, chers jeunes auditeurs, vous pourriez également travailler dans une colonie de vacances comme animateurs, à condition d'avoir le brevet, bien sûr, et de faire vite !…
Et puis, dans certaines régions, les producteurs de fruits ont besoin de bras pour la cueillette. Vous n'avez qu'à les contacter directement.
Mais, en fait, la solution la plus simple pour consulter toutes les offres, c'est de vous connecter à un site Internet. Je vous donne l'adresse, alors notez bien : c'est www.jobvacances.com, tout attaché, au pluriel, www.jobvacances.com. Je vous redonne la parole, Arthur… et bonnes vacances à tous.

LE JOURNALISTE. – Merci, Véronique, nous allons continuer l'émission avec…

➤ **Situation 5 : Un sport à risques !**

MARIE. – Salut, Sandra.

SANDRA. – Salut, Marie. Tu sais quoi ? Je vais faire mon premier saut à l'élastique samedi prochain en Normandie !

MARIE. – Toi ? Mais tu es folle, tu ne lis pas les journaux ?

SANDRA. – Si, mais où est le problème ?

MARIE. – Tu n'as pas entendu parler de cet accident qui s'est passé dans les Alpes, où un garçon de quinze ans a failli mourir en sautant d'un pont justement ?

SANDRA. – Écoute, Marie, les accidents, ça peut arriver tous les jours, n'importe où !

MARIE. – Ce n'est pas la peine de les provoquer ! Et tu connais, au moins, les gens avec qui tu vas sauter ? C'est un club agréé, j'espère ?

SANDRA. – Non, ce n'est pas un club, c'est une bande de copains qui sautent tous les week-ends, et depuis longtemps déjà !

MARIE. – Tu es complètement folle ! Et puis, tu n'es pas tellement sportive, toi !

SANDRA. – Oh, je n'arrête pas de nager à la piscine !… Tu sais, en sautant, on éprouve des sensations super, il paraît…

MARIE. – Pourquoi tu ne fais pas plutôt du parachute ? Ou du Deltaplane ? Avec un élastique, tu te

rends compte des risques ? Et qu'en pensent tes parents, dis ?

SANDRA. – Rien du tout, tu sais, eux et le sport…

MARIE. – Moi, si j'étais eux, je t'interdirais d'y aller.

SANDRA. – Oh, tu es pénible. Si on t'écoutait, on ne ferait jamais rien, quoi !

MARIE. – Si, mais pas ça !

LA MÈRE DE SANDRA. – Sandra, tu peux venir mettre la table ? Il est l'heure de dîner… et invite Marie si elle est libre !

CHAPITRE 10
EXPRIMER UNE OPINION

➤ **Situation 1 : C'est bizarre, cette voiture !**

LISA. – Bonjour, monsieur Choukroun, comment allez-vous ?

M. CHOUKROUN. – Très bien, Lisa, merci.

LISA. – Ah ! je voulais vous féliciter pour vos rosiers. Ils sont magnifiques !

M. CHOUKROUN. – Oui, c'est gentil ; et avec le soleil qui revient, on va pouvoir enfin profiter de nos jardins. Dites, je voulais vous demander : qu'est-ce que vous pensez de cette voiture, là ? À mon avis, c'est une voiture volée, hein !

LISA. – Vous croyez ? Ce n'est pas celle du jeune Perez ?

M. CHOUKROUN. – Non, lui, je l'ai vu partir avec sa voiture ce matin. Celle-là, ça fait vraiment longtemps qu'elle est là.

LISA. – Oui, mais enfin, ça ne veut pas dire que c'est une voiture volée !

M. CHOUKROUN. – Vous expliquez ça comment, vous ?

LISA. – Je ne sais pas, elle est peut-être en panne ou bien…

M. CHOUKROUN. – Ça me paraît quand même bizarre. Une voiture qui reste comme ça dans la rue, ce n'est pas normal.

LISA. – Qu'est-ce qu'on peut faire ?

M. CHOUKROUN. – Je crois qu'il faudrait appeler le commissariat !

LISA. – Vous pensez vraiment ?

M. CHOUKROUN. – C'est-à-dire que je n'ai pas envie que notre rue devienne une poubelle !

LISA. – Vous exagérez !

M. CHOUKROUN. – Ah tiens, justement, voilà Mme Rafène, on va lui demander ce qu'elle en pense, elle !

➤ Situation 2 : Que pensez-vous du bronzage ?

LE JOURNALISTE. – Voici l'été qui revient, les vacances qui approchent et les ventes de crèmes bronzantes qui explosent. À l'heure où je vous parle, je suis au rayon cosmétiques des Galeries Lafayette en compagnie de plusieurs clientes. Alors, mesdames, que pensez-vous du bronzage ?

PERSONNE 1. – Moi, je trouve ça très joli, je trouve que ça embellit, je me sens mieux dès que je suis un peu bronzée, je suis plus gaie.

PERSONNE 2. – C'est vrai, tout de suite, on a l'impression qu'on est en forme si on a de belles couleurs.

LE JOURNALISTE. – Et vous, mademoiselle ?

PERSONNE 3. – Pour moi, le bronzage, c'est de l'esclavage ! Il faut rester des heures au soleil pour être tout rouge ou brûlé, merci !

LE JOURNALISTE. – Bon… madame ?

PERSONNE 4. – Écoutez, moi, je pense qu'on peut être raisonnable… on n'est jamais obligé de s'exposer pendant des heures… Enfin, il faut admettre qu'une personne bronzée a plus de succès qu'une autre.

LE JOURNALISTE. – Merci, madame. Vous, qu'est-ce que vous en pensez ?

PERSONNE 5. – Moi, je crois que tout ça, c'est ridicule ! On risque un cancer de la peau tout simplement parce que c'est la mode d'être bronzé ! Non, vraiment, c'est absurde ! Tu ne crois pas ?

PERSONNE 6. – Le bronzage ?… euh… C'est bien, non ? Bon, en effet, ça peut être dangereux mais les gens le savent, donc s'ils continuent, c'est qu'ils sont contents, hein ?

LE JOURNALISTE. – Mademoiselle, et vous, votre opinion ?

PERSONNE 7. – Bof ! Je n'ai pas d'opinion particulière… mais tout de même, il faut qu'on fasse attention avec le soleil…

LE JOURNALISTE. – Merci à toutes !

➤ Situation 3 : Pour ou contre ?

LE JOURNALISTE. – Bonjour à tous. Notre émission *Pour ou contre* porte aujourd'hui sur les dictionnaires. Préférez-vous le dictionnaire livre traditionnel ou le dictionnaire électronique ? Nous avons trois auditeurs en ligne à qui je laisse la parole. Allô, vous êtes ?

L'AUDITRICE 1. – Carole. Moi, je suis absolument pour le dictionnaire électronique car je voyage beaucoup et c'est vraiment plus pratique. C'est vrai que ce n'est pas toujours complet mais on trouve la réponse beaucoup plus vite.

LE JOURNALISTE. – Merci, Carole. Notre deuxième auditrice, Mara, c'est ça ?

L'AUDITRICE 2. – C'est ça, oui, Mara. Eh bien, je suis à la fois d'accord et pas d'accord avec Carole. Enfin, je suis du même avis qu'elle quand elle dit que le dictionnaire traditionnel est dépassé. Mais je ne suis pas d'accord quand elle dit que le dico électronique est moins complet. Il y a dix ans, oui, c'était vrai, mais maintenant, non. Si on met un certain prix, on trouve exactement les mêmes contenus. À mon avis, la question ne se pose même plus. Il n'y a que des avantages et aucun inconvénient. Dans les années à venir, je suis certaine qu'on ne trouvera plus que des dicos électroniques.

LE JOURNALISTE. – Merci beaucoup. Je donne la parole à José maintenant.

L'AUDITEUR 3. – Bonjour. On ne trouvera plus que des dictionnaires électroniques, dit Mara ? Eh bien, j'espère que non ! C'est faux de dire qu'ils ont le même contenu. Je suis traducteur, j'en ai essayé plusieurs ; je vous assure qu'aucun ne m'a donné des réponses aussi précises que le gros dictionnaire papier ! Le seul avantage que je vois, d'accord, c'est qu'il prend peu de place. Quand on voyage, c'est idéal, mais pour les spécialistes, c'est insuffisant, hein !

LE JOURNALISTE. – Eh bien, un grand merci à tous les trois. J'espère que vos opinions aideront nos auditeurs à faire leur propre choix. À demain pour un autre sujet.

➤ Situation 4 : Pas question de jeter !

LA MÈRE. – Fabienne, tu peux m'aider à mettre tout ça dans les sacs ?

FABIENNE. – Pourquoi, qu'est-ce que tu fais, là ?

LA MÈRE. – Eh bien… tous ces vieux livres qu'on ne lit pas, je les donne, et puis ces vieilles cartes postales, je les mets à la poubelle…

FABIENNE. – Oh, non, pas question ! Je garde tout ça !

LA MÈRE. – Mais regarde toute la place que ça prend !

FABIENNE. – Mais, maman, je veux les garder, ce sont des souvenirs, quoi !

LA MÈRE. – Oh, écoute, des souvenirs, on en a d'autres, et puis il y a toutes nos photos, les films… !

FABIENNE. – Mais enfin, maman, ce n'est pas pareil ! Ces livres, ils nous viennent des grands-parents, j'y tiens !

LA MÈRE. – Tu ne les as même pas lus !

FABIENNE. – Je les lirai un jour ! Et puis, ils prennent de la valeur, ce seront des objets de collection plus tard ! Et je les vendrai peut-être très cher !

LA MÈRE. – Ça, ça m'étonnerait !

FABIENNE. – Si, je t'assure, enfin… Ils sont très beaux et encore en bon état ! Et ces cartes ? Pourtant, tu sais bien qu'il y a des collectionneurs…

LA MÈRE. – Oh, mais c'est plein de poussière…

FABIENNE. – Écoute, je vais nettoyer tout ça, et je vais les ranger dans ma chambre, ne t'inquiète pas, laisse-moi faire !

▶ **Situation 5 : La déclaration du P-DG**

LA JOURNALISTE. – En ce qui concerne la grève des techniciens de notre chaîne, voici maintenant la déclaration de notre président, M. Gilles Lesueur.

GILLES LESUEUR. – La journée a été difficile, mais je suis heureux de vous annoncer la reprise du travail sur notre chaîne après presque 24 heures de programme minimum.

Il est clair cependant que toutes les questions ne sont pas encore réglées et que les négociations devront se poursuivre. Nous avons un dossier délicat à traiter, certes, et j'attends que chacun soit raisonnable dans ses propositions. Il est vrai que des décisions très importantes restent à prendre, des décisions qui engagent l'avenir de tous. Pour ma part, je ne peux pas accepter que l'équilibre de notre entreprise soit mis en danger. J'ai des responsabilités à la tête de cette chaîne et je dois bien évidemment les assumer. Il n'est pas question de perdre du temps, nous devons donc aller à l'essentiel. Mais j'ai confiance et je veux croire, sincèrement, que nous trouverons ensemble une solution acceptable pour tous.

CADRE DE LA COMMUNICATION

Pour chaque situation, répondez aux questions suivantes afin de déterminer le cadre de la communication.

Comprendre la situation

Écoutez la situation et répondez aux questions.

1. Vous entendez :
   ☐ a. une personne   ☐ b. deux personnes   ☐ c. trois personnes   ☐ d. davantage

2. Les personnes :
   ☐ a. se connaissent   ☐ b. ne se connaissent pas   ☐ c. se tutoient   ☐ d. se vouvoient

3. La situation se passe :
   ☐ a. en face à face   ☐ b. au téléphone   ☐ c. à la radio ou à la télé   ☐ d. autre

4. Résumez la situation en une phrase.

   ....

   ....

FICHES OUTILS POUR S'EXPRIMEI

Ces fiches outils ne sont pas exhaustives. Ce sont des propositions à enrichir en classe ou en autonomie.

Chapitre 1	Prendre contact
Saluer	Max, **bonsoir.** **Salut**, Laurence.
Se présenter, présenter quelqu'un	Nadia, **je te présente** Serge, Serge, **c'est** Nadia. **On m'appelle** Papet, c'est mon surnom. **Je me présente, je m'appelle** Marie-Hélène.
Parler de soi et des autres	**Elle est** architecte. **Je suis** assez timide. **Elle est chargée de** l'accueil des nouveaux arrivants. **Je suis responsable de** toute l'organisation. **Je fais** 1,90 m et 72 kg. **J'ai** dix-neuf ans. **C'est elle/lui qui s'occupe des** jeunes enfants du centre.
S'informer sur les personnes	**Comment vas-tu ?** **Comment vont vos enfants ?** **Quoi de neuf ?**

Chapitre 2	Parler de ses activités et de ses goûts
Décrire ses activités	*Les verbes au présent :* **Je vais à** la danse deux fois par semaine. **On fait du** sport. **Je lis.** **Je me balade.**
Exprimer ses goûts de manière positive	**J'aime bien** le théâtre. **Ça me fait plaisir de** faire des cadeaux. **L'idéal, c'est de** pouvoir aller au bureau à pied. **Ce qui m'intéresse, c'est** l'inconnu. **Ce qui me plaît, c'est** voyager. Le chocolat, **j'adore** ça.
Exprimer ses goûts de manière négative	**Je n'aime pas tellement** les desserts. **Je ne supporte pas** les transports en commun. **J'ai horreur de** ça. **Ça n'a pas l'air** extra. **Ça ne m'intéresse pas.** **Je déteste** les cours en amphi.
Comparer	**C'est beaucoup mieux qu'**à Paris. **Je préfère** aller au restaurant universitaire. **J'aime mieux** les romans historiques. **J'aime moins que** le ski nautique. Les gens sont **plus** chaleureux. L'opéra et l'opérette, **ce n'est pas pareil, ça n'a rien à voir !** Une marque ou une autre, **c'est la même chose.** Je trouve que la première est bien **meilleure.**

Chapitre 3	Faire des projets et prendre rendez-vous
Formuler un projet	**J'ai bien envie de** faire un stage de théâtre. **Je compte bien** trouver un job. **Notre programme :** visiter Paris. **Nous allons** déménager d'ici peu de temps. **J'ai l'intention de** passer Noël à la montagne. Si on peut, **on partira** ensemble…
Proposer une activité	**Je voulais savoir si tu étais libre pour** venir avec moi à la Foire de Paris. **On pourrait** aller voir l'exposition Van Gogh ? **Ça te dit de** venir avec nous ? **Si on faisait** un barbecue ?
Fixer un rendez-vous	**On se retrouve quand ?/où ?** **Quel jour êtes-vous libre ?** **Je vous propose** lundi. **On se donne rendez-vous où et à quelle heure ?** **On dit ici, demain, à la même heure ?** Lundi, **ça vous va ?/ça vous convient ?** Je suis désolé(e), **j'ai un empêchement.** **Je ne peux** absolument **pas déplacer mon rendez-vous.** **Je ne peux pas me libérer.** **Je dois reporter le rendez-vous.**

Chapitre 4	Demander son chemin et décrire un lieu
Situer un lieu	Il **se trouve** au métro Bastille. C'est **en face/à droite/à gauche du** bureau de tabac. **Il y a** un arrêt de bus devant la poste. Il **est situé** en bord de mer.
Décrire un lieu	**C'est un** studio très clair. Il **comprend** une grande pièce. Il **fait plus** de 30 m².
Demander son chemin	Pardon, madame, **je cherche** un bureau de poste. **Pouvez-vous me dire où se trouve** la station de taxi ? **S'il vous plaît, il y a** une pharmacie dans le quartier ? **Vous pouvez m'indiquer** l'entrée principale ? **Excusez-moi, où se trouve** l'église, s'il vous plaît ? **Vous savez où** est la gare, s'il vous plaît ? Lille, **c'est bien dans cette direction ?**
Indiquer un itinéraire	**Vous continuez tout droit.** **Vous prenez** la deuxième rue à gauche. **Vous traversez** l'avenue. **Vous passez** un carrefour. **C'est juste après** le virage, sur la droite. Il faut **longer** ce grand bâtiment. **Vous tournez** à droite, **juste après** la boulangerie.

Chapitre 5 Parler d'un objet	
S'informer sur un objet	**Comment elle est**, votre valise ? Votre valise, **elle est en quoi** ? **Il sert à quoi**, cet appareil ? **Comment ça marche ?**
Décrire un objet	**C'est** un appareil **qui** ne craint pas les chocs. Il/Elle/Ça **ressemble à** une valise. Il/Elle/Ça **fait/mesure** 50 cm de haut. Il/Elle/Ça **fait/pèse** 2 kg. Il/Elle/**C'est en** cuir. Il/Elle/Ça **sert à** faire des photos. Il/Elle/Ça **permet de** recevoir des messages.
Acheter	**Je voudrais** un carnet de métro, **s'il vous plaît**. **Je cherche** quelque chose de pratique. **J'aurais voulu** un guide de la région. **Je peux payer/régler par carte ?**
Expliquer un problème	**Je n'arrive pas à/J'ai du mal à** l'ouvrir. **Ce n'est pas** la bonne taille.
Proposer une solution	**Nous pouvons** vous faire un avoir ? **Je peux être** remboursé ? **On va voir ça** ensemble.

Chapitre 6 Demander et donner des renseignements	
S'informer sur des services	**Pourriez-vous me dire s'**il reste des places pour la visite guidée ? **Je peux vous demander** les horaires d'ouverture ? **Nous aimerions connaître** le montant exact. **C'est ouvert jusqu'à quelle heure ?** **Ça ouvre tous les jours ?** **Quels sont** les papiers nécessaires ? **Qu'est-ce qu'il me faut, comme** documents ? **Pouvez-vous m'indiquer** le tarif ? Il faut **compter combien ?**
Informer sur des services	**Vous avez besoin d'**un passeport. Désolé(e), madame, **c'est complet.** Pour quatre personnes, **ça vous fera** 650 euros. Nous sommes ouverts 7 **jours sur 7.** Il faut compter **un délai de deux semaines.**
Faire une réservation	**J'aimerais réserver** une chambre. **Est-ce que vous avez** des places ? **Je voudrais vous réserver** une table.

Chapitre 7	Raconter une histoire personnelle
Raconter	***Les verbes au passé et des indicateurs de temps :*** **Dans les années 50**, le village **s'est transformé.** **Quand j'avais quinze ans, j'habitais** à la campagne. **Au moment de** sortir, le téléphone **a sonné.** **À un moment, j'ai réalisé** que **je n'avais pas** mes clés. **Hier matin, j'ai raté** le bus. **L'année dernière, j'ai fait** un superbe voyage en Grèce. **J'ai visité** le Luxembourg **il y a trois ans.**
Demander des précisions	**Qu'est-ce qui s'est passé ?** **Quand est-ce que ça s'est passé ?** **Que vous est-il arrivé ?** **Qu'est-ce que vous avez donc fait ?** À votre retour, **vous avez fait quoi ?**
Expliquer, justifier	**Excuse-moi, mais** ce n'est vraiment pas de ma faute. Voilà, **c'est pour ça que** je suis en retard. **Je vais te raconter.** **C'est un peu particulier.**

Chapitre 8	Parler de ce qui va se passer
Annoncer un programme, faire des prévisions	***Les verbes au futur :*** **Vous l'emmènerez** au jardin puis **vous la ferez** déjeuner. **Je partirai** tôt le matin. **Vous pourrez goûter** les spécialités régionales. **Nous ouvrirons** quatre nouvelles unités de production. Le temps **sera** couvert et pluvieux **Il pleuvra** faiblement de la Bourgogne à l'Alsace.
Donner des consignes	**Je vous demande de** lui parler seulement anglais. **Sois gentille de** m'apporter mon dossier. **Dis-lui de** rentrer à minuit au plus tard. **Rappelle-leur de ne pas** téléphoner après 22 heures. **Ne dérange pas tout.** **Soyez** bien tous à l'heure. **Attention au** brouillard. **Il faudra que** vous la fassiez déjeuner.

Chapitre 9 Donner des conseils	
Conseiller, suggérer	**Prenez garde à** ne pas porter de choses trop lourdes. **Je vous conseille** l'envoi par Colissimo. **Je vous conseille de** faire attention. **À ta place, je ferais** attention. **Il faut/faudrait que** tu fasses vite. **Vous n'avez qu'à** vous coucher plus tôt. **Il vaut mieux** ne pas forcer au départ. **Tu as intérêt à** faire attention. Ça glisse. **Si j'étais toi, je m'inscrirais** dans une agence. **Vous pourriez** aussi regarder les petites annonces. **Vous devriez** prendre quelques jours de congés. **Pourquoi ne faites/feriez-vous pas** ce stage ? **Invite** Marie si elle est libre.
Dissuader	**Je vous déconseille** le colis ordinaire. **Je vous déconseille de** prendre la route ce soir. **Tu es complètement fou/folle !** **Mais tu ne te rends pas compte !**

Chapitre 10 Exprimer une opinion	
Donner son avis	**Je suis certain(e)/sûr(e) qu'**on trouvera une solution. **Il est clair/vrai/certain que** c'est une excellente solution. **Je crois/veux croire que** les choses vont s'arranger. **Je pense qu'**on peut être raisonnable. **Je n'ai pas envie que** notre rue devienne une poubelle. **Je suis absolument pour** le dictionnaire électronique. **Moi, je trouve que** ce n'est pas idéal. **À mon avis,** c'est une voiture volée. **Pour moi,** c'est inutile.
Réagir à une opinion – de manière positive	**Je suis du même avis que toi.** **Je suis (tout à fait) d'accord.** **Je suis (absolument) pour…**
– de manière négative	**Je ne suis pas d'accord avec** ce qu'il vient de dire. **Je suis (absolument) contre.** **C'est faux de dire qu'**ils ont le même contenu. **Ça ne veut pas dire que** ce n'est pas dangereux. Je vous assure que **vous vous trompez.** **Vous exagérez !** Non, vraiment, **c'est absurde.** Pour ma part, **je ne peux pas accepter que…** **Ah, non ! Pas question !**
– de manière neutre	**Je suis à la fois d'accord et pas d'accord.** **Cela revient au même.** **Ça m'est égal.**
Argumenter	**C'est vrai** dans la situation actuelle, **mais…** Les négociations sont terminées **pourtant/cependant** la grève continue. **Même si** c'est l'avenir, on peut préférer l'ancien système. Range bien tout, **sinon** je jette.

TABLEAU RÉCAPITULATIF DES SITUATIONS

Situation – Titre	Thème	Objectif
Chapitre 1 Prendre contact		
1 Candidature	*Au téléphone* Candidature pour figuration	Saluer, se présenter, parler de soi, s'informer sur les personnes
2 Quoi de neuf ?	*Dans un magasin* Rencontre amicale	Parler de soi, parler des autres, s'informer sur les personnes
3 Rendez-vous de travail	*Dans un café* Rencontre de travail	Saluer, présenter, parler de soi et des autres
4 Animateur radio : un métier, une passion	*À la radio* Interview d'un animateur radio	Parler de soi et des autres, s'informer sur les personnes
5 Bienvenue au stage de sport-aventure	*Face à un groupe* Monologue d'accueil à un stage sportif	Saluer, se présenter, parler de soi
Chapitre 2 Parler de ses activités et de ses goûts		
1 Première semaine à la fac	*En famille* Premières impressions de la vie d'étudiante	Décrire ses activités
2 Alors, la province ?	*Au téléphone* Conversation sur la vie en province	Décrire ses activités, comparer
3 Et pour vous, les vacances ?	*À la radio* Interview de deux jeunes sur leur style de vacances	Décrire ses activités, exprimer ses goûts
4 La planche à voile, j'adore ça !	*À la radio* Interview d'un passionné de planche à voile	Décrire ses activités, exprimer ses goûts
5 Quelle crème préférez-vous ?	*Dans un magasin* Test de consommateurs	Exprimer ses goûts, comparer
Chapitre 3 Faire des projets et prendre rendez-vous		
1 Tu es libre samedi ?	*Au téléphone* Message sur répondeur puis conversation Invitation à la Foire de Paris	Proposer une activité
2 Qu'est-ce que vous faites cet été ?	*Dans le métro* Annonce d'un problème Trois jeunes parlent de leurs projets de vacances	Formuler un projet
3 Alors, on se retrouve quand ?	*À la fac* Trois jeunes fixent un rendez-vous pour finir un exposé	Fixer un rendez-vous
4 Changement de rendez-vous	*Au téléphone* Prise de rendez-vous	Fixer un rendez-vous
5 Pour une rue plus conviviale	*À une réunion d'association de quartier* Création d'une association	Formuler un projet
Chapitre 4 Demander son chemin et décrire un lieu		
1 Vacances de rêve !	*À la radio* Annonce publicitaire touristique	Situer et décrire un lieu
2 Studio à louer	*Au téléphone* Demande de précisions à une agence immobilière	Situer et décrire un lieu
3 Où trouver de l'essence ?	*Sur la route* Recherche d'une station-service	Demander son chemin, indiquer un itinéraire
4 La Provence	*À la télévision* Présentation d'une émission sur la Provence	Décrire un lieu
5 Où est-ce qu'on met les meubles ?	*À la maison* Aménagement d'un nouvel appartement	Décrire un lieu

Tableau récapitulatif des situations

Situation – Titre	Thème	Objectif
Chapitre 5	**Parler d'un objet**	
1 Au bureau des objets trouvés	*Au bureau des objets trouvés* Une jeune femme a perdu sa valise	Expliquer un problème, décrire un objet
2 Un beau cadeau	*Dans un grand magasin* Une grand-mère choisit un appareil photo pour son petit-fils	S'informer sur un objet, décrire un objet, acheter
3 Bonnes affaires	*À la télévision* Présentation de trois objets à acheter	Décrire un objet
4 Échange ou remboursement	*Au téléphone* Un client veut rendre un barbecue à gaz	Expliquer un problème, proposer une solution
5 Je n'arrive pas à me connecter	*Au téléphone* Message d'accueil d'une société de dépannage informatique ; conversation avec un technicien	Expliquer un problème, proposer une solution
Chapitre 6	**Demander et donner des renseignements**	
1 C'est complet !	*Au téléphone* Réservation d'une table dans un restaurant	Informer et s'informer sur des services, faire une réservation
2 Location de voiture	*À l'aéroport* Location d'une voiture	Informer et s'informer sur des services
3 Parc Astérix, bonjour	*Au téléphone* Deux jeunes appellent le Parc Astérix pour avoir des renseignements	Informer et s'informer sur des services
4 Ouvrir un compte en banque	*Au téléphone* Demande de renseignements pour ouvrir un compte bancaire pour un ami étranger	Informer et s'informer sur des services
5 Bienvenue à bord de l'Eurostar	*Dans le train* Annonce dans l'Eurostar	Informer sur des services
Chapitre 7	**Raconter une histoire personnelle**	
1 Chez le médecin	*Chez le médecin* Mal de dos	Raconter, demander des précisions, expliquer
2 La doyenne du village	*À la radio* Présentation d'une émission sur les souvenirs d'une dame âgée	Raconter
3 Cambriolage	*Au téléphone* Conversation : récit d'un cambriolage	Raconter, demander des précisions, expliquer
4 Tu es en retard !	*Dans la rue* Conversation pour justifier un retard	Raconter, expliquer, justifier
5 Un bon CV	*Dans une agence pour l'emploi* Entretien	Raconter, demander des précisions, expliquer
Chapitre 8	**Parler de ce qui va se passer**	
1 Quelques consignes	*Au téléphone* Message sur répondeur	Donner des consignes
2 Un emploi du temps chargé	*À la maison* Accueil d'une jeune fille au pair	Annoncer un programme, donner des consignes
3 Météo	*À la radio* Prévisions météorologiques	Faire des prévisions
4 Une journée en Périgord	*Au téléphone avec l'office de tourisme* Renseignements sur le programme d'une excursion	Annoncer un programme, donner des consignes
5 Perspectives	*Dans une entreprise* Situation financière de l'entreprise et perspectives	Faire des prévisions, annoncer un programme

Tableau récapitulatif des situations

Situation – Titre	Thème	Objectif
Chapitre 9 — Donner des conseils		
1 Il faut poursuivre le traitement	*Chez le médecin* Consultation	Conseiller, persuader
2 Pour envoyer un paquet	*À la poste* Envoi d'un colis	Conseiller, suggérer
3 Leçon de ski	*Dans un cours de ski* Un moniteur et deux jeunes skieurs	Conseiller
4 À la recherche d'un job d'été	*À la radio* Comment trouver un job d'été	Conseiller, suggérer
5 Un sport à risques !	*À la maison* Conversation entre deux amies : l'une veut faire du saut à l'élastique, l'autre veut l'en dissuader	Dissuader
Chapitre 10 — Exprimer une opinion		
1 C'est bizarre, cette voiture !	*Dans la rue* Conversation entre deux voisins	Donner son avis, réagir à une opinion, argumenter
2 Que pensez-vous du bronzage ?	*Dans un grand magasin* Différentes opinions sur le bronzage	Donner son avis
3 Pour ou contre ?	*À la radio* Interview de trois auditeurs sur le dictionnaire électronique : pour ou contre	Donner son avis, réagir à une opinion, argumenter
4 Pas question de jeter !	*À la maison* Dialogue mère-fille : garder ou jeter de vieux objets	Réagir à une opinion, argumenter
5 La déclaration du P-DG	*À la radio* Intervention du P-DG suite à une grève des techniciens dans son entreprise	Donner son avis

ALPHABET PHONÉTIQUE INTERNATIONAL

Voyelles

[a] madame
[ə] je, dehors
[e] apprécier, chez, mariée
[ɛ] festival, retraite, être, pièce
[i] affiche, anonyme, paysan
[o] nouveau, autant, photo
[ɔ] transport, folle
[y] musique, vue
[u] partout
[ø] mieux
[œ] odeur
[ɑ̃] vraiment, emmener, ambiance
[ɔ̃] complet, réunion
[ɛ̃] plein, mien, vingt, pain, sympathiser
[œ̃] commun

Semi-consonnes

[j] soleil, briller, employer
[w] joindre, jouet
[ɥ] juillet

Consonnes

[b] début
[s] souci, dessus, reçu, addition
[d] dedans
[f] fin, affaire, téléphone
[g] goûter, fatigué
[ʒ] jardinage
[k] carte, lecteur, quelque, ski
[l] pellicule
[m] mari, programme
[n] annonce, déjeuner
[ɲ] campagne, signature
[p] parc, enveloppe
[ʀ] horreur
[t] situer, quitter
[ʃ] architecte, gauche
[v] ville
[z] raison, onze

INDEX
DES OBJECTIFS FONCTIONNELS

Imprimé en Italie par

LA TIPOGRAFICA VARESE
Società per Azioni
Varese
Dépôt légal n° 33235-04/2003
Collection 24 / Edition n° 02
15/5142/3